La Commune est en lutte

Roman historique

Jean–Marc Becquet

Dépôt légal octobre 2018, ISBN : 979-10-94133-12-5

JMB EDITIONS

Couverture © **Matthias Becquet**

Prix 8,50€

La Commune est en lutte.

Paroles de Jean-Roger Caussimon 1976, musique : Philippe Sarde. Chanson composée pour le film "Le Juge et l'Assassin".

Sans doute, mon amour, on n'a pas eu de chance
Il y avait la guerre
Et nous avions vingt ans
L'hiver de 70 fut hiver de souffrance
Et pire est la misère
En ce nouveau printemps...
Les lilas vont fleurir les hauteurs de Belleville
Les versants de la Butte
Et le Bois de Meudon...
Nous irons les cueillir en des temps plus faciles...

La Commune est en lutte. Et demain, nous vaincrons...

Nous avons entendu la voix des camarades :
"Les versaillais infâmes
Approchent de Paris..."
Tu m'as dit : "Avec toi, je vais aux barricades
La place d'une femme
Est près de son mari..."
Quand le premier de nous est tombé sur les pierres
En dernière culbute
Une balle en plein front
Sur lui, tu t'es penchée pour fermer ses paupières...

La Commune est en lutte. Et demain, nous vaincrons...

Les valets des tyrans étaient en plus grand nombre
Il a fallu nous rendre
On va nous fusiller
Mais notre cri d'espoir qui va jaillir de l'ombre
Le monde va l'entendre
Et ne plus l'oublier...
Soldats, obéissez aux ordres de vos maîtres
Que l'on nous exécute
En nous visant au cœur
De notre sang versé, la Liberté va naître...

À Jean-Michel.

« Quand je fus chargé des affaires, j'eus immédiatement cette double préoccupation de conclure la paix et de soumettre Paris ».
Adolphe Thiers, souvenirs 1870-1873.

« Le cadavre est à terre, mais l'idée est debout»
Victor Hugo.

« L'Histoire de la commune de Paris de 1791 a été escamotée, dit Michelet. L'Histoire de la commune de Paris de 1871 a été écrite par des escamoteurs. »
Hyppolite Lissagaray.

En mai 1872, Karl Marx donne une réception à son domicile londonien en faveur de sa fille Laura Marx et de son gendre Paul Lafargue, journaliste et socialiste français, qui a fui la répression versaillaise et s'est réfugié en Angleterre.

Parmi les invités se trouve Prosper-Olivier Lissagaray, journaliste, socialiste, historien, et membre de la Commune, qui a fui, lui aussi, les représailles qui s'abattent sur tous ses membres.

Il fait la rencontre d'Eleanor Marx, surnommée « Tussy », la troisième fille de Karl Marx. Celle-ci tombe amoureuse de l'historien qui a commencé une enquête importante sur l'histoire de la Commune. La famille Marx marque son opposition à cette liaison, et pour affirmer son indépendance, Eleanor quitte la maison familiale et se trouve un emploi d'enseignante dans une pension de jeunes filles à Brighton. Elle y reste six mois. Elle se considère comme sa fiancée et présente à plusieurs personnes le travail de celui-ci sur la Commune de Paris. Elle travaille avec lui sur « L'Histoire de la Commune de 1871 », qui paraît en 1876. Elle démarre la traduction du livre en anglais.

Dès le début de son exil à Bruxelles, Lissagaray avait écrit « Les huit journées de mai derrière les barricades » un premier témoignage, qui était paru en 1871, et dont Jenny Marx, la fille aînée de Karl Marx avait dit en décembre 1871 : « À une seule exception près, tous les livres sur la Commune qui ont paru jusqu'à présent ne valent rien. Cette unique exception à la règle générale, c'est l'ouvrage de Lissagaray»

Karl Marx

L'auteur du « Capital » continue à refuser la liaison de sa fille, et en juillet 1880, après l'amnistie totale des

communards, Prosper-Olivier Lissagaray rejoint Paris seul,
sans sa « fiancée ».

Souvenirs de Lissagaray, Londres, mai 1873.

– Le dimanche 21 mai 1871, des milliers de personnes étaient venues assistées au concert des Tuileries. La journée était belle et les toilettes des dames étaient aux couleurs de la République. On devait l'organiser sur la place de la Concorde, mais les obus versaillais tombaient et faisaient des dégâts beaucoup plus loin que le rond-point des Champs-Élysées, alors, on s'est replié dans ces jardins. Le concert était donné au profit des veuves et des orphelins de la garde nationale. Dans l'après-midi, l'avant-garde des versaillais entrait dans Paris, par la porte de Saint-Cloud.

– Prosper, comment ont-ils pu rentrer ?

– Il n'y avait personne, pas de garde, pas de sentinelle. Pourquoi ? Je ne sais pas, Tussy ! À trois heures, un capitaine de frégate versaillais du nom de Trèves, Auguste Trève, entendit de l'autre côté des fortifications de la Commune, quelqu'un qui, habillé en bourgeois, agitait un mouchard blanc et faisait des signes.

C'était Jules-Auguste Ducatel, ancien militaire du génie, il travaillait aux Ponts et Chaussées, et était chargée de la surveillance des barricades de Passy pour la Commune. En fait, il était en contact avec l'armée de Versailles. C'était l'un de leurs informateurs. Ce dimanche-là, en inspectant les fortifications, il s'était aperçu que la porte n'était pas gardée. Trève passa le pont, pénétra dans le fortin, constata qu'il était vide, ainsi que toutes les maisons aux alentours. Il télégraphia au général Douay qui était chargé par Adolphe Thiers d'investir Paris.

À cinq heures de l'après-midi, les premiers détachements de ligne de l'armée versaillaise étaient dans l'enceinte, deux heures plus tard, ils étaient vingt mille dans les faubourgs. Ducatel les guida vers le Trocadéro. La Commune était en séance, les délégués apprirent l'entrée de troupes ennemies. On télégraphia à l'observatoire de l'Arc de Triomphe, qui indiqua ne rien apercevoir de ces ennemis.

– Ils ont envahi Paris sans difficulté ! Incroyable !

– Tussy, la Commune n'avait pas d'armée à proprement parler, pas de chefs, pas de discipline. Les fédérés ne manquaient pas de courage ni de bravoure, mais il n'y avait pas d'organisation militaire, de commandement unique, de centralisation des renseignements. Le soulèvement du 18 mars 1871 n'était qu'une insurrection spontanée, comme celle du 14 juillet 1789, et qui s'était faite en réaction à un coup d'État royaliste manqué, voulu et organisé par Thiers. On pensait défendre la République, mais sans chef, sans mot d'ordre, sans programme, et sans objectifs. Il fallait tout simplement se dresser contre la répression et les royalistes. Adolphe Thiers, qui avait été nommé chef d'État et de gouvernement avec l'appui de la Prusse victorieuse, voulait rétablir la monarchie, et mettre fin à la seconde République. Pour cela, il fallait rétablir l'ordre et l'autorité dans Paris, désarmer ses habitants qui avaient résisté si longtemps durant le siège et supprimer toutes les mesures en faveur des plus pauvres. La suppression du moratoire sur les loyers et la solde des gardes nationaux coûtaient trop d'argent à l'état. Il n'est pas difficile de comprendre pourquoi ...

– J'ai eu des nouvelles de mon père.

– Et bien !

– Il me demande de revenir dans la maison familiale. Il dit me pardonner mon départ et ma fuite.

– Pourquoi, n'accepte-t-il pas notre union ?

– Il parle de la différence d'âge, de ta position de réfugié, de ton métier de journaliste et d'écrivain qui n'apporte pas d'argent. Il pense que j'aurai une vie malheureuse.

– Il a cependant accepté l'union de Laura et de Paul Lafargue[1], sans parler du mariage de ta sœur aînée Jenny avec Charles Longuet[2]. Eux aussi ont fui la répression versaillaise et se sont

[1] Militant socialiste, membre de la Commune de Paris, et rédacteur en chef du Bulletin Officiel de la Commune, devient ensuite professeur à Oxford.

réfugiés, ici en Angleterre, eux aussi sont journalistes, militants, sans travail et sans argent ! Quelle différence ?

– Je crois que cela vient de moi. Je suis sa préférée, parce que je lui ressemble tellement et c'est difficile de comprendre cet amour exclusif. Ma mère accepte mieux notre liaison. Dans sa dernière lettre, elle semblait m'approuver et me disait de ne pas me laisser abattre par cette crise entre Mohr[3] et moi. Elle disait que je triompherais de cette souffrance. Je vais écrire à mon père, lui demandait pourquoi ce refus. Mais reprenons notre travail !

– Le soir, vers six heures, une dépêche de Dombrowski[4] arriva au ministère de la guerre. La commission[5] en prit connaissance, c'était la surprise et l'inquiétude. Des nouvelles contradictoires arrivaient. Des chefs incompétents se glorifiaient de pouvoir maintenir les versaillais au-delà des enceintes. Ah, maudites élections des chefs de bataillon ! On élisait des sots, des imbéciles en même temps que de glorieux officiers et de

---

[2] Journaliste, écrivain et socialiste, membre de la Commune de Paris, il fonde en 1880 avec Jules Guesde, le Parti Ouvrier français, ancêtre de la SFIO et du P.S.

[3] Surnom donné par ses filles à Karl Marx.

[4] Officier polonais, il se réfugie en France, sert la commune avec un grade de général.

[5] Pas de ministre, mais des commissions de 5 à 6 membres, sous la gouvernance d'une commission exécutive.

valeureux chefs. Le service de l'armement était incapable dans sa mission de fournir les fusils nécessaires aux troupes des fédérés, pourtant lors de l'invasion et du désarmement, on dénombra plus de 500 000 fusils, chassepots[6] et carabines à répétition, de quoi armer plusieurs fois les bataillons. Quant aux officiers supérieurs et à l'état-major, on les voyait traîner leurs sabres du côté des cafés des boulevards avec leurs chevaux et leurs ordonnances, accompagnés de filles, pour aller boire l'absinthe.

– On ne les vit pas sur les barricades !

– Non, ils disparurent aussi soudainement qu'ils étaient apparus durant les dernières semaines.

– La famine était-elle présente ?

– Non, il y avait eu des provisions en quantité, mais le gaspillage, le vol et le détournement furent considérables. Paris mourrait de faim durant l'hiver et le siège, mais pas au printemps durant la Commune. Tant que Varlin[7] s'en est occupé, l'ordre a régné, puis le comité central[8] l'a remplacé par des gens malhonnêtes. C'est comme l'organisation médicale qui fut

[6] Fusil du nom de son créateur, sorti en 1866. C'est le premier fusil à percussion français qui se charge par la culasse et non par la bouche.

[7] Louis Varlin, militant socialiste, fusillé par les versaillais le 28 mai 1871.

[8] Assemblée des membres élus par les gardes nationaux des 20 légions de la garde, représentant les 20 arrondissements de Paris.

pitoyable. Ils ont nommé les premiers venus sans connaissances, sans diplômes et sans savoir. Dans les réunions qui constituaient l'organisation de la Commune, on élisait les plus bruyants et les plus connus. On désignait des responsables en fonction des connaissances et des sympathies personnelles. Certains membres de la Commune préféraient servir leurs intérêts personnels plutôt que l'intérêt public. Au début les bonnes volontés étaient légion. Elles furent vite refoulées par les cupides et les idiots.

– Lissa, cela n'explique pas le désordre !

– Certains chefs militaires étaient pourtant des officiers compétents. Valéry Wroblewski, Jaroslaw Dombrowski, tous deux des généraux polonais, réfugié en France après l'insurrection de leur pays contre la Russie en 1863, et mort tous les deux sur les barricades. Le général Napoléon La Cécilia, a aussi fait preuve de courage. Il ne doit la vie qu'au dévouement d'une femme inconnue qui le cacha sous une montagne de vêtements à son domicile quand les versaillais fouillèrent toutes les maisons. C'était les trois généraux en chefs de la Commune, mais que d'incapables sous leurs ordres.

– La Cécilia a écrit un article après l'exécution de Louis Rossel et de Ferré[9].

---

[9] Rossel, colonel de l'armée française qui a rejoint la commune, fusillé en novembre 1871 et Théophile Ferré, procureur de la commune, fusillé le même jour.

– Oui, il lui a donné le titre, « Les martyrs » ! On dit qu'il a fui en Belgique pour rejoindre sa femme Marie, l'institutrice et l'amie de Louise Michel. Tous les deux sont partis à Vianden, au Luxembourg. Il voulait rencontrer Victor Hugo, qui avait été injuste, car mal informé sur la mort du jeune homme espion qui avait renseigné les versaillais, qu'on avait découvert et fusillé. Hugo avait écrit un vers dans son poème « l'année terrible » pour décrire la « mort d'un enfant, tué par les Fédérés ». On dit qu'il s'est présenté au grand homme et lui a expliqué que ce n'était pas un enfant comme la presse réactionnaire le soutenait. Le 18 mai 1871, aux Hautes Bruyères, ce jeune homme, parfaitement conscient de ses actes, avait été arrêté pour avoir fourni aux versaillais le plan des positions des communards et avoir reçu 20 francs en récompense de sa trahison. Il fut condamné à mort par le Conseil de guerre constitué de La Cécilia, de Johannard, délégué de la Commune et de tous les chefs de bataillon du secteur.

– Victor Hugo l'a compris ?

– Je ne sais pas.

– Les ordres donnés pour défendre Paris étaient contradictoires, les renforts n'arrivaient jamais, les demandes étaient insatisfaites, les munitions manquaient. Pourtant nous avons résisté durant deux mois, face à une armée de métier, disciplinée et pourvue de tout. Les Prussiens satisfaisaient toutes les demandes de Thiers, libération des prisonniers, armement, circulation des troupes, appui militaire.

– Qui était responsable de cela, Lissa ?

– Tous et personne ! Des ordres opposés étaient rédigés dans la même édition du journal officiel. Entre les décrets du conseil de la Commune[10], de la commission militaire et du délégué à l'armée, personne ne comprenait plus ce qu'il fallait faire. Pourtant, et parfois avec peu de moyens, des prodiges ont été accomplis pour résister aux troupes versaillaises. Mais aucune réforme pour réorganiser la Garde Nationale et en faire une armée disciplinée ne fut entreprise. Le Comité de salut public élu et installé au début mai sur le modèle de celui de 1793 ne fit qu'accroître les problèmes. Ses cinq membres désignés vinrent

[10] Le conseil est constitué par des membres élus par les arrondissements de Paris, 70 personnes représentants toutes les tendances de la gauche de l'époque, les modérés et les conservateurs élus avaient depuis le début démissionné ou fui la capitale.

contrarier et parfois contredire les décisions du délégué à la guerre, Louis Rossel. Il était le seul officier supérieur de l'armée française qui nous avait rejoints et le seul capable de prendre de bonnes décisions militaires. Il donna sa démission, après avoir voulu tenter l'impossible. Il fut remplacé par Delescluze, un bon journaliste, intègre, mais piètre militaire, se noyant dans les détails et faisant preuve de faiblesse, alors qu'il fallait de la force pour imposer une stratégie de combat. Lors du début de cette semaine, qu'on appelle maintenant « la semaine sanglante », tout était en place pour une fin rapide de notre lutte et pour notre défaite.

— Tu vas trop vite, Lissa ! Je n'arrive plus à prendre des notes.

— Je suis désolé, la rage et la colère me font perdre le fil et la suite logique de mon récit. Je vais reprendre plus lentement. L'anarchie de la Garde Nationale était importante. Les gardes discutaient et parfois s'opposaient aux ordres donnés par les sous-officiers, qui eux-mêmes discutaient des ordres donnés par les officiers. Un capitaine envoyé pour commander le fort d'Issy fut renvoyé par les troupes. Des patrouilles rebroussaient chemin, prétextant qu'elles n'étaient pas en nombre suffisant. Quand une difficulté apparaissait, les gardes portaient plainte au comité, les officiers n'osaient plus s'imposer. Certains abandonnaient leurs postes et leurs régiments pour aller faire le coup de feu avec d'autres, ou fuyaient rejoindre leurs familles quand l'action s'engageait. La Commune était forcée de faire la guerre, mais elle n'acceptait pas ses règles et ses contraintes.

– Mon père a écrit que les Parisiens pouvaient résister parce qu'ils s'étaient débarrassés de l'armée et l'avait remplacé par la garde Nationale, dont la masse était constituée d'ouvriers. Il était nécessaire de remplacer l'armée permanente par le peuple en armes. Il dit que ce fut le premier décret de la Commune et le plus important[11].

– Je suis désolé de te le dire, mais ton père est un théoricien qui ne connaît les faits qu'à travers un prisme déformé de la réalité ! Prenons le cas de l'organisation de la garde Nationale. Pour être en conformité avec les principes de la République que l'on souhaitait, on a fait élire les officiers supérieurs par le comité de la Commune. Tragique erreur ! Prenons le cas de cet imbécile présomptueux de Cluseret. Officier, sorti de Saint-Cyr, il participe à la répression de 1848, et se targue d'avoir détruit onze barricades des ouvriers insurgés. Sa carrière militaire marque le pas, malgré ses campagnes en Crimée et en Kabylie,

[11] Cité dans le pamphlet « La guerre civile en France », sortie en 1871, qui dénonce le gouvernement corrompu de Thiers et magnifie les actes de la commune. Les faits énoncés sont authentiques, les conclusions sont directement issues de sa théorie du socialisme révolutionnaire.

alors il part aux États-Unis participer à la guerre de Sécession. Il revient avec un brevet de général de brigade, mais là-bas, on l'a poussé à la démission. On a parlé de malversations. Il revient en France et après quelques années, il se met en valeur, rejoint la Commune après que ses offres de service aient été refusées par le cabinet militaire de Napoléon III lors du conflit avec la Prusse. On avait certainement enquêté, d'où le refus. Mais la Commune, bonne fille, accepte son offre. Il connaît des personnes, il a des appuis, et on le nomme délégué à la guerre. Il devient le chef de la Garde. Durant le mois d'avril, son incompétence, son ambition et sa malhonnêteté sont flagrants. Il est finalement remplacé par Rossel. Il est arrêté et enfermé dans la prison de Mazas, on l'accuse de trahison. Relâché le 21 mai, il s'enfuit de suite et échappe à la répression[12]. Voilà ce que donne cette idée de se débarrasser des organismes d'état et de les remplacer immédiatement, par d'autres qui sont parfois incompétents, parvenus, ou malhonnêtes et qui côtoient aussi les bonnes volontés, les idéalistes, les purs et les gens honnêtes.

– Mohr dit que c'est la Commune qui fut la forme la plus aboutie d'une révolution socialiste. Les conseillers municipaux sont élus au suffrage universel et sont des ouvriers ou des

[12] Il s'enfuit en Angleterre puis se réfugie en Suisse, devient peintre, journaliste, député sous la III République. Célèbre pour ses opinions antisémites et xénophobes.

représentants reconnus de la classe ouvrière. La police a été immédiatement dépouillée de ses attributs politiques. Il en fut de même pour les fonctionnaires de toutes les branches de l'administration. Les services publics cessèrent d'être la propriété privée des créatures du gouvernement central. Les travailleurs ont pris le pouvoir et se sont débarrassés des oripeaux de la bourgeoisie dominante et des financiers. Il dit aussi que son secret est dans son gouvernement de la classe ouvrière, le résultat de la lutte de la classe des producteurs contre la classe des possédants. La forme politique enfin trouvée qui permettrait de réaliser l'émancipation économique du travail...

– Tussy ! Il est facile de théoriser une doctrine et de faire cadrer l'idéal d'une organisation dépourvu des travers et des défauts que provoquent le pouvoir et la richesse de la classe dominante. Mais ton père oublie parfois que ce sont les hommes et non les doctrines qui provoquent cette situation. Il oublie aussi que la ténacité de certains à conserver le pouvoir et les richesses est vite combattue par l'avidité des autres à vouloir acquérir ces mêmes richesses et ce même pouvoir. J'ai vu aussi dans la Commune, je devrais dire sous le couvert de la Commune, des gens qui se faisaient une loi, non de chercher sincèrement le bien des ouvriers, mais de servir leurs propres intérêts au détriment des autres, et cela avec un discours et des mots creux et vides de sens.

– Reprenons le cours des évènements Lissa !

– Tu as raison, Tussy, reprenons ! Cette désorganisation avait permis que des remparts fussent dégarnis et l'entrée des versaillais sans presque un coup de feu. La confiance, l'aveuglement et la mauvaise foi permirent ainsi que le 21 mai, le bureau de la guerre sortait le communiqué suivant: « Nous avons mis en fuite les versaillais, nous gardons l'avantage ».

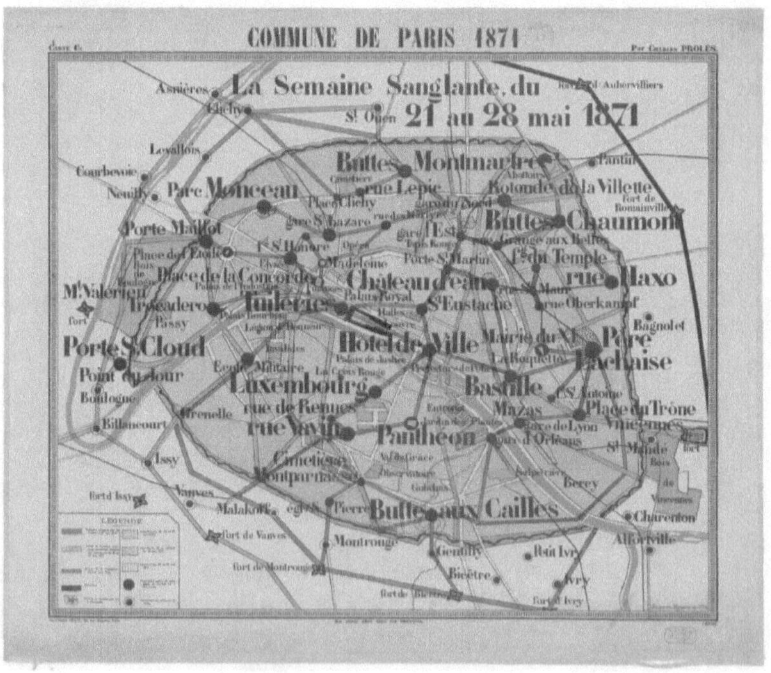

20 000 soldats de Thiers étaient dans les rues de la capitale, avaient dépassé les remparts, passé les portes, envahis les forts et marchaient sur la Concorde. La seule alerte donnée aux Parisiens fut le silence des canons ennemis. Ils ne tiraient plus sur la capitale, leurs troupes progressaient dans les rues. Le dimanche soir, à 11 heures, on apprit au ministère de la guerre que les troupes de Versailles étaient entrées en masse. Deux heures plus tard, on entendait la fusillade sur les hauteurs du Trocadéro[13]. Sur cette position la plupart des défenseurs s'enfuirent, sauf quelques-uns qui firent front et se firent tuer sur place. Des officiers essayèrent d'arrêter les fuyards qui s'engouffrèrent dans les rues du faubourg Saint-Germain, mais peine perdue. À leurs décharges, ces hommes savaient que la guerre des barricades venait de commencer, ils regagnaient leurs quartiers. Deux heures plus tard, les régiments de ligne versaillais occupaient le terrain. On fit sonner le tocsin partout. Des ministères se replièrent sur l'Hôtel de Ville. On décida de construire des barricades autour du bâtiment et sous les arcades des Tuileries.

---

[13] En 1871, aucune construction n'était présente, on avait édifié une redoute pour tenir cette position qui contrôlait les deux rives de la Seine. Un palais fut construit en 1878 pour l'exposition universelle.

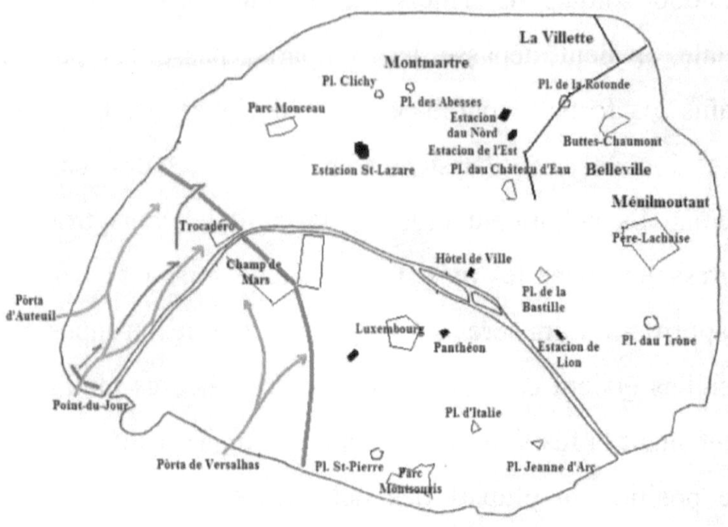

Front du 21 au soir au 22.

Le général Vinoy[14] établit son quartier général au Trocadéro et ses troupes s'emparèrent du pont de Grenelle. Les portes de Vaugirard et de Montrouge furent envahies. Les troupes du général Cissey[15] occupèrent l'ensemble du XVième arrondissement. Leur stratégie était simple. Entrées par les rives nord et sud de la Seine, à l'ouest de Paris, les troupes envahissaient les arrondissements par cercles concentriques pour acculer les fédérés sur les remparts du XIX, du X et du XXième, les quartiers historiques du

---

[14] Il fit fusiller tous les officiers de la Commune capturés.

[15] L'un des principaux responsables des massacres de la semaine sanglante.

mouvement ouvrier. Ils étaient dix fois supérieurs en nombre. On a parlé de 130 000 hommes. Les Prussiens avaient libéré 60 000 prisonniers pour aider le gouvernement de Thiers.

Le 22 mai au matin, on avait affiché sur les murs des quartiers, l'appel aux armes. On demandait au peuple de faire la guerre révolutionnaire, de vaincre ou de mourir. Il fallait livrer le combat face à ceux qui avaient livré la France aux Prussiens. On demandait de la discipline, car on avait enfin compris que celle-ci n'était pas du militarisme. Les nouvelles parvenaient à l'Hôtel de Ville, les versaillais se trouvaient aux Champs de Mars, au faubourg Saint-Germain, à la Muette, à l'Arc de Triomphe. Dès le matin de ce jour, les généraux de Versailles Ladmirault[16] et Clinchant avaient contourné les remparts de Passy et de la Muette et pénétré sur l'avenue de la Grande Armée. Les artilleurs de la Porte-Maillot se firent tués sur place rapidement, les sentinelles manquaient. Les troupes remontèrent ainsi l'avenue se trouvèrent face à la barricade de l'Arc de Triomphe. Elle fut conquise sans combat, les fédérés se sauvèrent en emportant les canons. Les « lignards »[17]

---

[16] Fait prisonnier à Metz en 1870, il est libéré par les Prussiens pour participer aux opérations de guerre contre la Commune.

[17] Soldats d'infanterie de ligne.

descendirent l'avenue des Champs Élysées. Au rond-point, ils partirent en colonne à gauche sur le Palais de l'Élysée, à gauche vers le Palais Bourbon. Des régiments envahissaient le nouvel Opéra[18].

Partout, les fédérés furent pris à revers, et souvent fusillés à bout portant. Personne, ni à l'État-Major, ni au ministère de la guerre, ni au Conseil de la Commune ne fit prévenir les défenseurs. Il n'y avait plus dès le lundi, 24 heures après l'invasion, ni chefs, ni ordres, ni plans, ni communications. Les troupes devaient compter sur eux-mêmes.

Le parc Monceaux fut envahi, les versaillais progressaient vers les Batignolles, et on se battait à la Concorde. Ils établissaient un camp militaire aux champs de Mars. L'école militaire résista avec quelques centaines d'hommes de la Garde Nationale, à midi, ils étaient tous morts. Les canons tonnaient sur les barricades alentour, elles furent écrasées sous la mitraille. Dans l'après-midi du 22, un quart de la capitale était conquis par les troupes de Thiers. Cinq arrondissements leur appartenaient, le XV, XVI, VII, VIII, et le XVII. Le soir, la Commune se réunissait à l'Hôtel de Ville, la situation était confuse, on ne

[18] L'opéra Garnier, sa construction démarre en 1870, mais est interrompue par la guerre. Les travaux reprirent en 1873.

savait pas trop ce qui se passait, les éclaireurs envoyés ne revenaient pas. Félix Pyat décida alors…

– Pourquoi l'a-t-on appelé le mauvais génie de la Commune ?

– Il faisait de beaux discours, mais cela s'arrêtait là. Ton père ne l'aime pas, et pour une fois, je suis d'accord avec lui. Ce sont ses discours enflammés et ses écrits incendiaires qui ont provoqué les débordements de la Commune. Mais au moment de l'envahissement, il a fui à Londres. Il a dit qu'il avait réussi à passer à travers les mailles de la répression, mais il n'était pas là, à la fin de cette semaine, personne ne l'a plus revu après sa proposition que chaque membre du conseil parte dans son arrondissement pour ériger et commander les barricades.

– Lissa, tu insinues qu'il a fait cette proposition pour fuir par la suite ?

– Le 22 mai, il disparaît, on ne le revoit plus. George Sand l'a traité de lâche. Et moi, je le qualifie de vaniteux, de fourbe et de retors.

– Que s'est-il passé ensuite ?

– Une proclamation fut affichée partout, on appelait le peuple à construire des barricades.

– *Louise Michel, je suis le colonel Delaporte, et j'officie en tant que président du 6ᵉ conseil de guerre. Vous êtes jugée pour attentat afin de changer le gouvernement, d'incitation à la guerre civile, d'avoir porté les armes lors d'une insurrection et d'avoir fait usage d'armes à feu, de complicité d'arrestation illégale suivie de tortures et de meurtres, de faux en écriture et usage de faux papiers. Vous avez entendu l'acte d'accusation, qu'avez-vous à dire pour votre défense ?*

– *Je ne veux pas me défendre. J'appartiens à la révolution et j'accepte la responsabilité de mes actes. Vous me reprochez d'avoir participé à l'assassinat des généraux ? À cela je répondrais oui si je m'étais trouvée à Montmartre quand ils ont voulu faire tirer sur le peuple. Je n'aurai pas hésité à faire tirer moi-même sur ceux qui donnaient des ordres semblables. Mais, lorsqu'ils ont été faits prisonniers, leurs vies devenaient sacrées. Je ne comprends pas qu'on les ait fusillés, et je regarde cet acte comme une insigne lâcheté.*

Quant à l'incendie de Paris, oui j'y ai participé durant les combats. Je voulais opposer une barrière de flammes aux envahisseurs de Versailles. On dit aussi que je suis complice de la Commune ! Assurément oui, puisque la Commune voulait avant tout la révolution sociale, et que la révolution sociale est le plus cher de mes vœux. Bien plus, je me fais l'honneur d'être l'un des promoteurs de la Commune qui n'est d'ailleurs pour rien, pour rien qu'on le sache bien, dans les assassinats et les incendies. Moi qui ai assisté à toutes les séances de l'Hôtel de Ville, je déclare que jamais il n'y a été question d'assassinats voulus ou d'incendies décidés. Voulez-vous connaître les vrais coupables ? Ce sont les gens de la police. Plus tard, peut-être, la lumière se fera sur tous ces événements[19] dont on trouve aujourd'hui tout naturel de rendre responsables tous les partisans de la révolution.

— Dans une proclamation, vous avez dit qu'on devait, toutes les 24 heures, fusiller un otage ?

— Non, j'ai seulement voulu menacer ! Mais pourquoi me défendrais-je ? Je vous l'ai déjà déclaré, je me refuse à le faire. Vous êtes des hommes, vous allez me juger. Vous êtes

[19] Des recherches récentes faites par des historiens ont révélé qu'il n'y eut en fait aucun incident avéré d'incendie volontaire commis par des femmes.

devant moi à visage découvert. Vous êtes des hommes et moi je ne suis qu'une femme, et pourtant je vous regarde en face. Je sais bien que tout ce que je pourrai vous dire ne changera rien à votre sentence. Donc un seul et dernier mot avant de m'asseoir. Nous n'avons jamais voulu que le triomphe de la Révolution. Je le jure par nos martyrs tombés sur le champ de Satory, par nos martyrs que j'acclame encore ici hautement, et qui un jour trouveront bien un vengeur. Encore une fois, je vous appartiens. Faites de moi ce qu'il vous plaira. Prenez ma vie si vous la voulez. Je ne suis pas femme à vous la disputer un seul instant.

– Vous déclarez ne pas avoir approuvé l'assassinat des otages, mais dès que vous l'avez appris, vous vous êtes écriée, je cite :"On les a fusillés, c'est bien fait"

– Oui, j'ai dit cela, je l'avoue.

– Vous approuviez donc l'assassinat ?

– Permettez, cela n'est pas une preuve ! Les paroles que j'ai prononcées avaient pour but de ne pas arrêter l'élan révolutionnaire.

– Vous écriviez aussi dans les journaux, dans « Le Cri du Peuple »[20] par exemple ?

– Oui, je ne m'en cache pas.

---

[20] Journal de Jules Vallès, édité durant la Commune

– Ces journaux demandaient chaque jour la confiscation des biens du clergé et autres mesures révolutionnaires semblables. Telles étaient donc vos opinions ?

– En effet ! Mais remarquez que nous n'avons jamais voulu prendre ces biens pour nous. Nous ne songions qu'à les donner au peuple pour leur bien-être.

– Vous avez demandé la suppression de la magistrature !

– C'est que, j'avais devant les yeux les exemples de ses erreurs. Je me rappelais l'affaire Lesurques[21] et tant d'autres.

– Vous reconnaissez avoir voulu assassiner Monsieur Thiers ?

– Parfaitement ! Je l'ai dit et je le répète.

– Il paraît que vous portiez divers costumes sous la Commune ?

– J'étais vêtue comme d'habitude, je n'ajoutais qu'une ceinture rouge sur mes vêtements.

---

[21] Affaire du courrier de Lyon, Le 27 avril 1796, la diligence assurant le courrier entre Paris et Lyon est attaqué. Lesurques, homme respectable, est identifié comme l'homme blond ayant été vu pendant les heures précédant, sur son parcours. Il est accusé des assassinats et du vol, et est exécuté. Les autres accusés disculpent cet homme, confondus avec un autre, mais la sentence est maintenue et il meurt sur l'échafaud le 3 octobre 1796. Le vrai coupable, ressemblant à Lesurques, est arrêté et condamné en décembre 1800.

– N'avez-vous pas portée plusieurs fois un costume d'homme ?

– Une seule fois, c'était le 18 mars, je me suis habillé en garde national pour ne pas attirer les regards.

– Louise Michel, je suis le capitaine Dailly, procureur de ce procès. Je demande au conseil de vous retrancher de la société, car vous êtes un danger. J'abandonne l'accusation sur tous les chefs, excepté celui de port d'armes apparentes ou cachées pour combattre dans un mouvement insurrectionnel.

– En tant qu'avocat de la défense, je déclare que devant la volonté formelle de l'accusée de ne pas être défendue, je m'en rapporte simplement à la sagesse du conseil.

– Accusée, avez-vous quelques choses à dire pour votre défense ?

– Ce que je réclame de vous, juges du conseil de guerre, de vous qui êtes des militaires et qui jugez à la face de tous, c'est le champ de Satory ! Là, où sont déjà tombés nos frères. Il faut me retrancher de la société, on vous dit de la faire ? Eh bien, allez-y ! Le procureur de la République à raison. Puisqu'il semble que tout cœur qui bat pour la liberté n'a droit qu'à un peu de plomb, j'en réclame une part, moi ! Si vous me laissez vivre, je ne cesserai de crier

vengeance, et je dénoncerai à la vengeance de mes frères, les assassins !

– Je ne puis vous laisser la parole si vous continuez sur ce ton.

– J'ai fini ! Si vous n'êtes pas des lâches, tuez-moi !

– Nous allons nous retirer pour délibérer.

Le verdict tombe rapidement.

– Louise Michel, vous êtes à l'unanimité, condamnée à la déportation dans une enceinte fortifiée.

Le greffier lui dit qu'elle a 24 heures pour se pouvoir en révision.

– Non ! Il n'y a point d'appel, mais j'aurai préféré la mort...

– Lissa, as-tu des nouvelles des condamnés à la déportation ?

– Non, Tussy ! Mon amie Louise Miche en fait partie. Elle est en ce moment détenue à la prison de l'abbaye d'Auberive, dans la Marne. On dit qu'elle fera partie d'un convoi pour la Nouvelle-Calédonie qui prendra la mer dans quelques mois[22].

[22] Elle embarqua sur le bateau « Le Virginie » en août 1873 pour la Nouvelle-Calédonie et y resta 7 ans, jusqu'à l'amnistie votée en juillet 1880 par l'Assemblée Nationale.

– Continuons le récit des évènements.

– Nous en étions restés à la journée du lundi 22 mai, le conseil décida de se dissoudre et de commander les barricades dans les quartiers. Un appel fut lancé et placardé sur les murs. Partout, on maçonnait, on bâtissait, on brouettait la terre sur les ouvrages de défense. Les femmes et les enfants participaient. Dans la rue de Rivoli, l'ouvrage faisait six mètres, avec des embrasures et des fossés.

On fit imprimer rapidement un appel à l'armée, leur demandant de ne pas prendre les armes contre la Commune, de nous rejoindre, de quitter leurs rangs et d'imiter leurs camarades du 18 mars[23]. Mais peine perdue, entre-temps Thiers n'avait plus fait la même erreur, il avait soigneusement choisi les régiments qui envahissaient la ville. Les sergents, les gendarmes, les marins encadraient les bataillons de jeunes soldats qui ne connaissaient pas Paris, et n'avaient pas de famille, pas de proches et pas d'amis dans la ville. On les avait abreuvés de récits de massacres perpétrés par les fédérés sur les militaires comme eux. Nous étions des voleurs, des assassins et nous avions torturé leurs frères d'armes. On leur fournissait

[23] Le 18 mars, les régiments envoyés pour enlever les canons de la Garde Nationale refusent de tirer sur la foule et fraternisent avec le peuple.

abondamment le vin et l'eau-de-vie. Ainsi, les massacres de prisonniers commencèrent dès la journée du 22 mai, 17 gardes nationaux furent fusillés à la caserne de Babylone[24]. Ces exécutions sommaires commencèrent avant les incendies et la mort des otages de la Roquette[25]. Je pense que le peuple de la Commune savait qu'il ne devait pas attendre la moindre pitié des officiers de l'armée versaillaise.

Partout, on édifia les barricades, au pied de la Butte Montmartre, aux Batignolles, à la Chapelle, aux Buttes Chaumont, à Belleville, à Ménilmontant, au Père-Lachaise, dans les Boulevards, au Château-d'Eau, à la Roquette, à la Bastille, à Saint-Antoine, au boulevard Voltaire, aux Gobelins, à Saint-Michel, partout.

– Pourquoi, ne pas avoir fortifié les quartiers de Paris avant ?

– Par négligence et par bêtise. Le conseil de la Commune pensait combattre le gouvernement de Thiers par de grandes batailles en ligne et en formation. Nous avions oublié

[24] Caserne des Gardes Françaises en 1780.
[25] 50 otages emprisonnés par la commune sont transférés le vendredi 26 mai rue Haxo, au dernier poste de commandement de la commune. La population présente veut leur mort. Un des otages meurt sous les coups d'une jeune fille, cela démarre le massacre. Les gardes nationaux les fusillent.

quelques évidences. Nous n'avions pas d'armée de métier, nous n'avions pas d'officiers et de sous-officiers en nombre suffisant, et surtout le courage, la vaillance et la foi dans la révolution ne suffisaient pas à vaincre.

– Que manquait-il ?

– Une chose que Thiers et ses généraux avaient, le manque de scrupules. De plus, ils avaient la haine du peuple, la haine de ceux qu'ils considéraient comme des ennemis voulant les priver de leurs privilèges. La révolution de 1789 avait privé la famille d'Adolphe Thiers de la fortune[26], il se vengeait en 1871, comme il s'était vengé en 1848. Les batailles dans chaque quartier étaient terribles, les versaillais faisaient face alors, à une résistance acharnée. Les barricades de la Madeleine, de la Gare Montparnasse résistèrent longtemps avant de céder sous le nombre. La nuit vint, mais elle n'interrompit pas les canonnades et les fusillades. Le feu prit au ministère des Finances, les obus pleuvaient sur le bâtiment.

– Tu m'as dit avoir rencontré Delescluze le soir !

– C'est exact, dans la rue de Rivoli. Il avait encore confiance, il me dit que si l'on pouvait passer la nuit, il y

---

[26] Son grand-père paternel se retrouve emprisonné et ruiné à la Révolution, en tant qu'émigré. Certains membres de sa famille maternelle sont morts guillotinés.

avait de l'espoir. On se remettait de la première surprise et de nouveaux bataillons descendaient de la rue de Sébastopol pour nous rejoindre à l'Hôtel de Ville.

Hôtel de ville après les combats.

– De nouveaux bataillons ? Des renforts importants ?

– Durant toute la semaine, le nombre de personnes participant à la défense devait être de 12 000, y compris les ambulanciers et les cantinières, qui ne furent pas épargnés par les exécutions sommaires. Toutes les salles de l'Hôtel de Ville étaient encombrées de gardes et d'officiers qui rédigeaient les dépêches et les envoyaient aux barricades. D'autres gardes venaient chercher les consignes, il n'y en avait qu'une seule, toujours la même, résister jusqu'au bout.

– Quelle était l'ambiance dans les rues ?

– Tu ne vas pas me croire, mais c'était presque gai. J'ai remonté la rue Saint-Antoine pour déboucher sur la République, partout les gens participaient à la construction des redoutes et des barricades. On voyait des personnes de tout âge y travailler, des femmes en guenilles, d'autres en robe de soie, des hommes en blouse d'ouvriers, d'autres en habit. On chantait le chant du Départ, la Marseillaise. Je suis persuadé que ce jour-là, cette nuit-là, des Parisiens qui n'avaient aucune sympathie pour la Commune vinrent nous rejoindre. Je partis avec d'autres et continuais à inspecter les défenses des quartiers. Arrivés rue Blanche, nous nous fîmes arrêter par une toute jeune fille, le chassepot à la main. « Halte là, citoyens, on ne passe pas », nous cria-t-elle. On dut lui montrer nos laissez-passer. Passant près de la barricade, on se rendit compte qu'elle était gardée par une centaine de femmes. Les cartouchières leur servant de ceinture autour des reins. Le drapeau rouge flottait.

– Et les versaillais ?

– Ils avaient arrêté leur progression. Je sus plus tard que les régiments après les premières résistances eurent peur de s'enfoncer dans Paris, pensant qu'on leur tirerait des maisons, le combat de rue est le plus dangereux pour une armée de métier.

– Ce ne fut pas le cas.

– Non, nous n'avions aucune expérience, le peuple de Paris resta derrière les barricades, permettant à leur artillerie de balayer nos retranchements.

– Lissa, on a dit que le mardi 23, la Commune s'est dissoute !

– C'est exact, le conseil avait pris la décision dans la nuit. Ils proclamèrent que leur seule lutte comme administration provisoire avait été de lutter contre une guerre civile. Mais comme la guerre faisait rage entre les frères d'un même peuple, ils proposaient que la Commune et l'Assemblée Nationale de Versailles soient dissoutes et que de nouvelles élections aient lieu, permettant ainsi de rédiger une constitution pour la France. Les combats devaient arrêter et aucunes représailles ne seraient exercées contre les élus de Versailles ou de Paris. On voulait arrêter l'effusion de sang qui allait venir. Peine perdue !

– On a dit aussi que la Butte Montmartre était tombée sans combat !

– C'est aussi exact, la seule hauteur de Paris qui pouvait faire une forteresse presque imprenable avec son artillerie fut conquise par l'armée le mardi en quelques heures. Le matin du mardi, vers six heures, la Butte fut attaquée par trois côtés à la fois. On avait, sur la hauteur, entreposé des munitions et des canons, mais on n'avait pas construit une défense avec des fortifications. Napoléon La Cécilia[27] qui commandait l'armée des Fédérés était plus un savant qu'un militaire. Il ne sut pas organiser la défense de Montmartre. Les gardes Nationaux entouraient de toute part par les régiments de la ligne, crièrent à la trahison et abandonnèrent la Butte. Tout autour les points de résistance tombèrent les uns après les autres. Les versaillais avaient emporté la barricade des Batignolles après deux heures de résistance. La mairie du quartier tomba elle aussi aux mains de l'ennemi. La barricade de l'avenue de Clichy fut prise entre deux feux et dut céder. Les derniers combattants après s'être rendus, furent fusillés par les troupes. Place Blanche, les femmes tinrent quatre heures et furent emportées par les tirs des canons, les survivantes massacrées, pas de pitié ! En début de l'après-midi, tout le XVIIIième était occupé. La barricade de la rue Pigalle tint bon durant des heures, défendue là aussi par des femmes.

Les versaillais établirent sur la Butte, un tribunal qui démarra les jugements d'exception et prononça la peine capitale pour les prisonniers ou les personnes arrêtées dans la rue.

[27] Philosophe, professeur de mathématique, avant de rejoindre Garibaldi en Italie et de s'engager dans les corps francs en 1870 à son retour en France.

– Paul Lafargue a parlé des dénonciations des habitants.

– C'est vrai, certains dénoncèrent des révolutionnaires, des voisins, des amis parfois. Alors, on les menait devant le mur qui avait vu la mort des généraux Lecomte et Clément-Thomas le 18 mars et on les fusillait à genoux, les yeux bandés. Les dénonciateurs étaient peut-être les mêmes qui avaient participé à la mort des généraux.

– Voilà ce qui s'est passé[28] !

Sur la Butte de Montmartre, rue des Rosiers[29], une foule de femmes et d'enfants criaient à au bataillon de la ligne qui était venue chercher les canons sur la hauteur de ne pas se battre contre eux et de venir les rejoindre. Le général Lecomte qui commandait la troupe voulut faire les saisir par les gendarmes, des soldats et des sous-officiers qui fraternisaient. Ils furent jetés dans les caves de la Tour Solferino. Il commanda ensuite aux autres de mettre en joue la foule. Elle avança, les poitrines touchaient les fusils. Il cria : « Feu ». Un seul coup de feu partit, tiré par un gardien de la paix. Il renouvela son ordre à plusieurs reprises, rien ne se passa. Il menaça ses hommes, il allait leur « brûler la cervelle ». Les Gardes Nationaux qui arrivèrent dans la rue, débordèrent la foule, s'approchèrent de la ligne, et mirent la crosse en l'air. Ils fraternisaient

[28] D'après le témoignage de l'historien Louis Fiaux dans son livre, « La guerre civile de 1871 », paru en 1879.

[29] Lors de l'annexion par Paris de la commune de Montmartre en 1859, il existait une rue des Rosiers, à ne pas confondre avec la Rue des Rosiers du IV ième arrondissement. Elle devint la rue de la Barre en 1885.

avec les lignards. Le général et son état-major furent faits prisonniers. On prit les fusils des gendarmes, on délivra les prisonniers. Les soldats menacés par Lecomte l'injurièrent. On l'emmena sous bonne escorte au Château-Rouge, où il signa l'ordre d'évacuation des troupes. La rumeur se répandit ensuite dans Paris qu'on voulait désarmer la Garde Nationale, et enlevait les canons de la Butte. Des barricades se dressèrent. Le gouvernement de Thiers apprenant la nouvelle de l'arrestation du Général Lecomte, l'abandonna à son sort et décida de se replier sur Versailles. Thiers donna l'ordre au gouvernement, aux députés et aux membres des administrations de quitter Paris et de le suivre.

Lecomte était toujours retenu avec d'autres officiers. Dans l'après-midi, un officier de la Garde Nationale vint le voir et présenta un ordre écrit aux gardiens, portant des signatures illisibles et un tampon d'un comité inconnu qui ordonnait de le conduire rue des Rosiers pour y être jugé. L'officier en charge de la garde du général obéit à l'ordre. Le comité de vigilance de la Commune de Paris, informé sentit que Lecomte était en danger. On envoya l'ordre au commandant de la prison du Château-Rouge de veiller à sa sécurité. Quand l'ordre arriva, il venait de partir. Au même

*moment, la rumeur enflait, le général Clément-Thomas
venait d'être arrêté. Il inspectait, habillé en civil, la
barricade de Montmartre. La foule voulait sa mort. Ils
avaient reconnu celui qui avait abreuvé de sang les pavés
de Paris en juin 1848. Des officiers de la Garde s'y
opposèrent. Peine perdue, la foule était trop nombreuse et
elle voulait du sang. On traîna Clément-Thomas vers un
jardin, et on le fusilla. Des soldats emportèrent Lecomte sur
les lieux de l'exécution et on le lapida sur le cadavre encore
chaud de l'autre général. L'irrémédiable s'était produit. La
fureur s'apaisa, les officiers de Lecomte furent relâchés,
mais les morts resteront à jamais.*

Une barricade lors du soulèvement du 18 mars.

Souvenirs de Lissagaray, Londres, juin 1873.

– Voilà ce qui s'est passé, Tussy !

– Pourquoi vouloir enlever les canons ?

– Thiers était décidé à rétablir l'autorité de son gouvernement avant que l'assemblée ne quitte Bordeaux, réfugié depuis des mois dans cette ville, à cause de la guerre. Depuis quelque temps, cette assemblée avait pris des mesures qui avaient fortement mécontenté la population de Paris. On avait supprimé le moratoire des loyers décidé durant le siège et la solde des gardes nationaux, alors que le chômage touche la grande majorité des Parisiens à cause du siège qui venait de se terminer. Le 17 mars, Thiers réunit le Conseil des ministres et leur propose d'enlever les canons de Belleville et de Montmartre. Ils ne sont pas gardés. On prend les mesures pour quadriller la capitale. On décide de marcher le lendemain sur les lieux avec des régiments de ligne, des Gardes Républicains et des gardiens de la Paix armés. Des milliers d'hommes sont prêts à investir tous les lieux importants, les gares, les mairies. On doit désarmer les Gardes Nationaux, occuper l'hôtel de ville, la Bastille, la Cité, les ponts, les Tuileries, la Concorde et les Champs

Élysées. Ces lieux doivent être gardés et des barrages installés.

– Mais rien ne se passe comme prévu ?

– Non, rien ! Ils avaient oublié de prévoir suffisamment d'attelages pour enlever les canons et ceux prévus étaient en retard, le temps s'écoule. Paris se réveille, la foule entoure les régiments qui fraternisent avec. On bat le rappel, les quartiers sont aux mains des révoltés, des régiments de gardes Nationaux défilent devant les fenêtres des Bureaux de Thiers. Il prend peur et s'enfuit rapidement. Le comité central ordonne la résistance. Ce n'est pas un coup d'État ou une révolution, c'est juste une résistance à un coup de force du gouvernement et une réaction aux décisions de l'assemblée d'appauvrir les ouvriers. Mais que voulaient Thiers et son gouvernement ? Reprendre en main la capitale alors que les campagnes avaient élu une majorité de députés royalistes ? À cette époque, il était monarchiste, je n'en doute pas, même si ceux-ci ne voulaient pas de lui. Ni les Orléanistes, soucieux de prendre exemple sur une monarchie parlementaire, comme en Grande-Bretagne, et Thiers symbolisaient trop la restauration rigide comme en 1815, ni les légitimistes qui ne voulaient pas d'une quelconque entrave au pouvoir royal et Thiers symbolisait trop une République, même conservatrice et réactionnaire. Sa démission du mois de mai en est la conséquence. Il pensait cependant qu'on le rappellerait au pouvoir. Mais l'élection de Mac-Mahon montre bien cette volonté de revenir à une monarchie absolue[30], car lui, voulait être le dernier président de cette IIIe République naissante.

– On dit qu'en 1871, Thiers voulait le retour d'un roi !

– À n'en pas douter, et l'assemblée élue en février 1871, avec une majorité de députés royalistes aussi. Réunie à Bordeaux le 18 février, elle nomme Adolphe Thiers, ancien ministre de Louis-Philippe, « chef du pouvoir exécutif de la République française ». Elle s'investit en même temps du pouvoir constituant et envisage « la restauration de la royauté lorsque la France sera libérée de l'occupation allemande [31]». Elle délègue à Thiers le soin de négocier le traité de paix. C'est fait le 26 février et l'assemblée le ratifie le 1er mars. C'est un traité inique. L'Allemagne annexe l'Alsace, les départements lorrains, et une partie de la Meuse. Notre pays est amputé de 5% de son territoire et de sa population. L'indemnité est de 5 milliards de francs or,

---

[30] Il démissionne, pensant être rappelé, car indispensable, mais le soir même Mac-Mahon est élu président par l'Assemblée royaliste, celui-ci ne cache pas sa volonté de restaurer la royauté, mais n'y arrivera pas.

[31] Discours d'ouverture de l'Assemblée.

tous les départements du Nord sont occupés en attendant son versement. Mais pour faire accepter cela, il fallait maîtriser Paris qui avait résisté durant des mois aux Prussiens.

— Mon père a toujours indiqué que l'erreur de la Commune avait été de ne pas marcher sur Versailles de suite et de prendre par la force l'Assemblée législative !

— Ton père oublie que la volonté de conciliation était importante. Paris ne voulait pas d'une guerre civile ni d'une révolution. On sortait d'une année de guerre, et d'un long siège où les habitants mourraient de faim. Thiers a refusé la conciliation, mené par des élus et des maires, avec Clemenceau à sa tête. Il a fait isoler tout de suite les communications entre la capitale et la province. Malgré cela, des insurrections ont eu lieu à Lyon, Marseille, Saint-Étienne, Narbonne, Toulouse, Grenoble.

— Revenons à ton récit ! Tu parlais des dénonciations !

— Oui, partout au fur et à mesure des occupations de quartiers, des tribunaux se constituaient et à partir du mardi, les exécutions sommaires étaient la règle. Pas seulement des prisonniers, mais aussi des personnes dénoncées par leurs concierges ou leurs voisins. On ne jugeait pas, on fusillait. Au même moment la progression des versaillais se poursuivait. On laissait souvent le drapeau rouge flottait pour faire croire que la place était toujours tenue par les fédérés, beaucoup furent ainsi fusillés à bout portant, croyant venir renforcés une position des leurs. Toutes les barricades étaient prises à revers. Des heures de résistance, puis le silence et le bruit des fusils des pelotons d'exécution qui retentissait. À la mairie du VI^{ième,} les versaillais établirent une communication par télégraphe avec l'Hôtel de Ville, faisant croire que les communards tenaient toujours le quartier. Ils demandaient des ordres, et c'est ainsi qu'ils purent terminer l'invasion de l'arrondissement.

– Les incendies ont démarré ce jour-là ?

– Oui, mais il faut rappeler qu'un ordre avait été donné dès le dimanche par le conseil, si des tirs provenaient des maisons, il fallait incendier celles-ci. Soldats ou propriétaires, nul ne pouvait le dire, mais certains quartiers étaient en feu après des tirs qui arrosaient les fédérés. De plus les obus des versaillais alimentaient les incendies. On a depuis indiqué que ce furent les tirs de la Commune qui fit brûler Paris, mais comment peut-on penser que les canons versaillais ne firent pas brûler les maisons et les bâtiments ? Par quel miracle ? Le soir du 23 mai, l'armée occupait la moitié de Paris, de Montmartre au nord au Petit-Montrouge au sud. Dans la nuit la bataille continua et fut atroce. Des cadavres par centaines jonchaient les rues. Vers minuit, la Concorde et la Rue Royale étaient occupées, on se rapprochait de l'Hôtel de Ville.

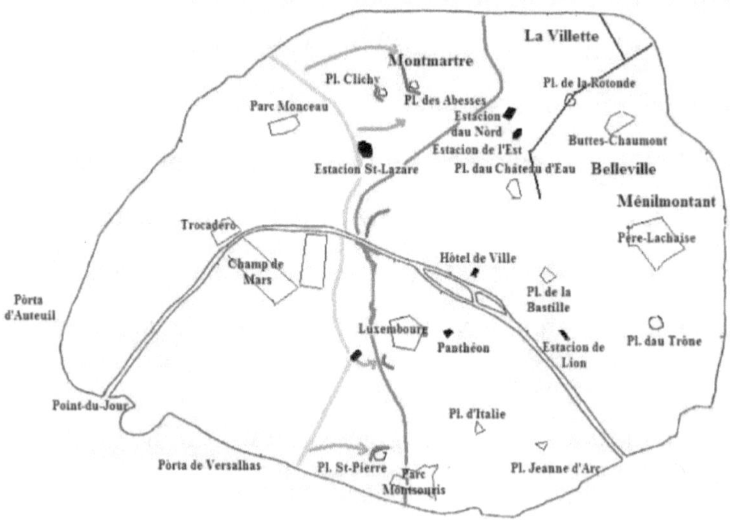

Front du 22 au soir au 23.

***Témoignage de Louise Michel, prison d'Arras, le 28 novembre 1871.**

– C'est aujourd'hui qu'ils vont fusiller mon compagnon d'armes, mon frère et mon amour.

Dans le camp de Satory, j'ai pu correspondre avec Théophile Ferré grâce à l'abbé Folley. Je lui ai indiqué à travers mes mots que je l'aimais, je ne sais pas s'il l'a compris. Oh, comme je voudrais être à ses côtés et mourir avec lui. Il m'a écrit ce qu'il a clamé durant son simulacre de procès. Il leur a dit qu'il était entre les mains de ses bourreaux. Ils voulaient sa tête, qu'il la prenne. Il avait vécu libre, il voulait mourir libre, non par son corps emprisonné, mais dans sa tête. Il voulait confier sa mémoire et sa vengeance à l'avenir.

Il m'a raconté son arrestation. Je la livre par écrit pour qu'elle puisse être connue, si, comme je l'espère, ils me fusillent aussi. Il avait fui au dernier jour et toutes les recherches pour le découvrir et l'arrêter avaient été vaines. Ils allèrent alors à Levallois-Perret dans la maison où habitaient ses parents et sa sœur. Il n'y était pas, mais on a fait parler la famille.

Sa sœur, très malade était couchée dans la pièce. Ils défoncèrent la porte. Le père était parti au travail. Il restait la mère qui veillait sa fille. On brutalisa la mère, on lui dit qu'elle devait révéler la cachette de son fils, sinon on l'arrêterait et sa fille resterait seule. Elle leur dit qu'elle ne savait pas.

Alors, ils ont changé leur chantage.

« On va emporter ta fille, quitte à la tuer, peu importe ! » Ils la levèrent, l'habillèrent sans ménagement. La fille cria à sa mère de rester forte, de ne rien dire. Il faudra bien qu'ils la relâchent. La pauvre mère entre la mort de sa fille ou l'arrestation de son fils fit un choix tragique. « Rue Saint-Sauveur », elle prononça tout bas ces mots. Ils lâchèrent la fille et partirent. La rue fut cernée, fouillée, Théophile arrêté.

Et maintenant on va le fusiller. J'ai su que sa mère est devenue folle après ses évènements. On a dû l'enfermer à l'asile Sainte-Anne et elle est morte peu de temps après. J'ai appris qu'il a écrit à sa sœur lui demandant de porter un bouquet d'immortels sur la tombe de celle-ci. Il a demandé à sa famille de lui pardonner du mal involontaire qu'il leur avait fait.

Mon amour va mourir.

– Son arrestation est tragique, ils n'ont reculé devant rien !

– Lors de la commission d'enquête parlementaire sur ce qu'ils ont dénommé « l'insurrection du 18 mars », le général Appert qui est chargé, encore de nos jours, de diriger la justice militaire contre les Communards[32] a indiqué qu'il pensait que Théophile Ferré avait assisté à l'assassinat de l'archevêque de Paris[33], et qu'il avait ordonné de « faire flamber les Tuileries ». Tout cela était faux, mais cela voulait dire pour eux qu'il avait commandé le peloton d'exécution et qu'il avait allumé les torches de l'incendie. Son arrêt de mort était déjà prononcé avant même le début de son procès.

– Cette même commission d'enquête qui a écrit que ce fut mon père qui donna l'ordre de l'insurrection du 18 mars, et que l'Internationale des ouvriers avait commandité et préparé le soulèvement.

[32] Au total, 95 des 10 137 insurgés jugés par les juges militaires ont été condamnés à la peine de mort, 251 aux travaux forcés, 1 169 à la déportation en enceinte fortifiée, 3 417 à la déportation simple et 3 359 à une peine de prison, dont 55 mineurs. Cela dura de 1871 à 1875.

[33] Fusillé le 24 mai à la prison de la Roquette.

– Oui, cette commission dont les membres sont les suivants : Le Comte Daru, le Comte de Richemont, le Vicomte de Gontaut-Biron, le Vicomte de Meaux, le Comte de Meaux, le Marquis de Mornay, le Duc de Larochefoucauld-Bisacia, le Marquis de Quinssonas, le marquis de la Rochethulon et bien d'autres nobles appuyés par des magistrats. Nous n'avions rien à attendre de leur enquête, sinon des condamnations. J'ai pu lire leurs rapports. Dans l'introduction, ils se félicitent que Versailles, aidé de l'armée et aidé de Dieu, a réussi à briser la révolution. On ressent la revanche de 1789. Ce n'est plus les aristocrates à la lanterne, ce sont les communards au poteau. Mais revenons à notre récit de cette semaine.

– Tu disais que l'armée de Versailles se rapprochait de l'Hôtel de Ville !

– Oui, elle occupa dans la nuit, la place Vendôme. Thiers télégraphia aux préfets pour indiquer que Paris serait tombé dans la nuit, demain au plus tard. La résistance cependant continua. C'est durant ces heures que les incendies ont éclatées. Les Tuileries, le Palais Royal, la Légion d'honneur, le Conseil d'État, la Cour des comptes étaient en feu. Les barils de poudre éclataient de partout. Les rives de la Seine éclairaient les ponts comme en plein jour.

J'ai vu un espion de Versailles portant l'uniforme des Fédérés, qui était venu prendre des ordres à la mairie, mort. Reconnu et confondu, il venait de se faire fusiller. J'ai vu ceux qui avaient traîné leurs sabres du côté des cafés des boulevards avec leurs chevaux, leurs ordonnances, et leurs filles, durant ces jours-là, habillées en civil et se faisant le plus discret possible. J'ai vu Dombrowski, mort étendu sur une table. Il avait été transporté en fin d'après-midi, blessé par balle, inconscient. Il fut enterré le surlendemain, ceint d'un linceul rouge au Père-Lachaise par son frère. J'y étais. Ce même cimetière où nous allions menait notre dernier combat quelques heures plus tard. On vivait nos dernières heures.

— Que peux-tu dire de la mort de Gustave Chaudey, le rédacteur en chef du Siècle ?

— C'est Raoul Rigault, notre « petit Marat » de la Commune qui l'a fait exécuter. Il est entré dans sa cellule. Il était enfermé depuis son arrestation pour sa participation au massacre du 22 janvier 1871, après la révolte des Parisiens apprenant la capitulation devant les Prussiens. Mais son procès n'avait pas été instruit, et il s'était toujours défendu d'avoir donné des ordres pour tirer sur la foule, en tant que maire du 9 ^{ième} arrondissement. Rigault voulait se venger de la mort de son ami Sapia à ses côtés lors de cette journée. Il est entré dans sa cellule, l'a condamné et l'a fait fusillé immédiatement. C'est lui aussi qui a décidé seul de la mort de l'archevêque et des autres otages, quelques heures plus tard.

– Pourquoi à ce moment-là ?

– Je l'ai soupçonné d'avoir voulu leurs morts pour qu'il n'y ait plus d'espoir de négociations. Il préférait certainement la mort pour lui, mais aussi la mort pour les autres. Il profitait des ses prérogatives pour décider qui devait mourir, et qui devait vivre. Il était fou, ivre de vengeance. Il est mort le lendemain sur les barricades. C'est le seul que je ne pleure pas.

Le jour se levait. Nous étions le mercredi 24.

– J'ai appris plus tard que Versailles aurait, par l'intermédiaire de Mac-Mahon, sommé les fédérés de se rendre. C'est faux ! Si une telle déclaration nous était parvenue, j'aurais été informé. Nous vivions nos dernières heures à l'Hôtel de Ville et presque tous les membres du Conseil y étaient. Aucune sommation ne nous est parvenue. Le combat continuait, sanglant. À 7 heures du matin, ce jour du mercredi, le Palais-Royal était aux mains de l'armée, ainsi que le Louvre, la Banque de France, Notre Dame des champs.

Plus de 300 fédérés, ayant été cernés dans le quartier des Halles, furent immédiatement fusillés, après s'être rendus.

À 10 heures du matin, l'hôtel de Ville était devenu un brasier. On avait évacué les blessés. Le conseil se réfugia avec les services dans la mairie du XI [ième]. Là, on apprit qu'un médecin, le docteur Faneau qui commandait le service des ambulances avait été exécuté avec 80 fédérés. Il s'était engagé dès le début de la guerre. Il n'avait pas cessé de soigner les blessés. Il était de garde à Saint-Sulpice. Le drapeau de la Croix Rouge flottait sur le bâtiment. Une compagnie investit les lieux. Un officier lui demanda s'il y avait des communards. Il lui indiqua qu'il n'y avait que des blessés. Malheureusement, un coup de feu éclata et tua un soldat, un fédéré blessé avait voulu faire le bravage. L'officier l'accusa d'avoir tendu un piège et le fit fusiller de suite alors qu'il n'avait jamais pris parti à notre lutte. Mais la Commune, ou plus exactement certains fédérés se montraient aussi sans pitié et passaient par les armes sans jugement. Dans la journée, un jeune officier, le Comte Charles de Beaufort, l'un des rares nobles ayant rejoint la révolution, fut pris à partie par un régiment, cela se passait place Voltaire. Il fut condamné séance tenante à mort. Delescluze et Mortier se précipitèrent pour l'emmener. Les fusils se braquèrent sur eux. Ils assistèrent impuissant à la mort de ce brave. Le 66e avait perdu la plupart de ses hommes à la Madeleine, et les avait vus exécuter par les versaillais. Beaufort[34] avait insulté quelques jours plus tôt l'un des gardes de ce régiment. Les deux évènements avaient été reliés par les hommes du bataillon. Ils avaient pensé que ce capitaine les avait envoyés à une mort certaine dans la rue Caumartin.

– Veux-tu dire qu'il y a eu aussi des exécutions sommaires par la Commune ?

– Oui, et en nombre ! Enfin, non, pas par la Commune ou le conseil, mais par des fédérés qui voyaient leurs compagnons d'armes passer par les armes. Les versaillais fusillaient parfois à quelques dizaines de mètres pour les impressionner. Le seul, ayant des pouvoirs et qui décida de massacres, fut Raoul Rigault. Dans l'après-midi, les gares du Nord, de l'Est et sur la rive gauche, le Panthéon tombaient. Mais les combats devenaient aussi sanglants pour les troupes de Versailles, des centaines d'hommes mourraient sous les tirs et les obus de nos gens.

– A-t-on une idée des pertes dans leurs rangs ?

[34] Il fut souvent pris pour un traître, notamment dans les mémoires de Louise Michel, mais on l'a confondu avec le Comte Henry de Beaufort qui a pendant la Commune entretenu une correspondance avec les versaillais pour les renseigner.

– Un millier environ, peut être 3 à 4 000 chez nous, tués au combat, les autres furent fusillés.

– Comment ont-ils pu organiser autant d'arrestations et de condamnations ?

– Ils avaient organisé deux vagues de soldats, la première ligne combattait les nôtres, la seconde ligne était chargée de traquer ceux qui ne s'étaient pas rendus et avaient fui. Ils ont perquisitionné partout dans les maisons, les caves, les parcs, les catacombes, les églises, les magasins, partout. Et puis, il y avait les « brassardiers », ceux qui étaient partisans de Versailles, munis d'un brassard reconnaissable par l'armée. Ils connaissaient bien leurs voisins partisans de la Commune et les dénonçaient. Des dizaines de milliers de dénonciations, on ne saura jamais le nombre exact.

– Comment étaient ces brassards dont tu parles ?

– Tricolores ! Quelques jours auparavant on avait arrêté quelques conspirateurs. Dans un atelier, une dame Legros les fabriquait à la demande d'un ancien officier de marine, dont j'ai oublié le nom. Il avait offert ses services, comme tant d'autres à Thiers, moyennant finances. Pour reconnaître les partisans de Versailles lors de l'invasion, il fallait un signe distinctif. Mais la mère Legros ne payait pas ses ouvrières. L'une d'entre elles, pensant travailler pour la

Commune, alla réclamer son dû à l'Hôtel de Ville, c'est ainsi que le « complot des brassards » fut découvert.

La conquête de Paris par les troupes de Versailles se poursuivait, malgré des préparatifs importants que l'on faisait dans les arrondissements qui étaient encore notre territoire, les III, IV, X, XI et XX [ième] arrondissements. On achevait de nouvelles barricades, rue Saint-Antoine, rue de Charenton, rue de la Roquette. La faiblesse de tous ces ouvrages, c'est que les défenseurs ne prévoyaient qu'une attaque de front, mais les versaillais contournaient la plupart des redoutes et les prenaient à revers. Beaucoup de nos camarades sont morts sur celles-ci avec une balle dans le dos.

– Cela paraît à peine croyable !

– Tussy, n'oublie pas qu'il n'y avait presque pas de coordination entre les points de résistance, et la situation évoluait d'heure en heure. Par contre du côté de l'armée de Versailles, on utilisait le télégraphe et les messagers. On coordonnait les renseignements sur les barricades, et on trouvait les chemins pour les contournaient. Malgré cela, certaines résistèrent longtemps. Comme celle à l'entrée du boulevard Voltaire, place du Château-d'Eau, durant une journée elle tint bon devant des colonnes de soldats.

À la fin de la journée, les défenses de Saint-Denis et de Saint-Martin tombèrent. Les lignards envahissaient les maisons, montaient sur les toits et tiraient sur les fédérés. Ce soir-là, ils occupaient une ligne de la Butte aux Cailles, à la Chapelle.

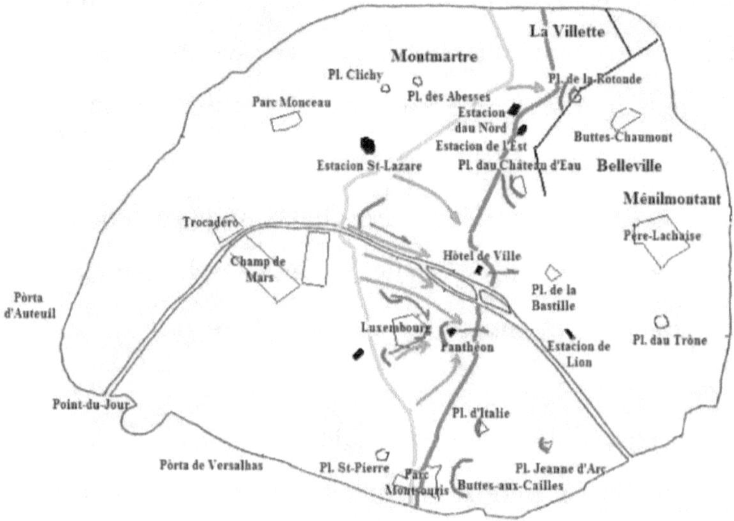

Front du 23 au soir au 24.

Témoignage du sergent Pierre Bourgeois, le Creusot, décembre 1871.

– Pourquoi, j'irai tirer sur des ouvriers qui font grève ! Ils voulaient gérer leur caisse de secours dans ces immenses ateliers métallurgiques où des milliers d'entre eux travaillaient. Le patron Eugène Schneider avait organisé un vote et une grande majorité s'était déclarée pour une gestion ouvrière. Ils nommèrent un des leurs pour la gestion. Et le patron le licencia et demanda à la troupe d'intervenir. C'était facile pour lui, le dénommé Eugène Ier, ce maître de forges. Il était aussi le Président du corps législatif de Napoléon III. Ses ouvriers l'avaient surnommé le « grand rouge », peut-être à cause de son visage souvent rouge et de son caractère emporté et colérique, pas pour ses idées. J'étais dans les 3 000 hommes de troupe que l'on a fait bivouaquer dans la ville. Leurs revendications étaient justes, la gestion de la caisse, le retour de ceux qui avaient été licenciés et l'annulation des dénonciations. Car il faut vous dire aussi que dans ces usines des forges, si un ouvrier ne dénonçait pas l'un de ses camarades, quelle qu'en soit la raison, il était licencié. On m'a dit aussi qu'il avait précisé, cet Eugène Ier, aux délégués, qu'il n'avait rien à discuter

avec eux, qu'il était libre de renvoyer qui il voulait et que, dès la reprise du travail, il ferait le tri entre eux. Cela lui était égal de fermer durant un long moment ses usines et de les licencier. Malgré toutes ces menaces, très peu on reprit le travail.

Moi, avec d'autres soldats, on a fraternisé avec les grévistes. On nous a arrêtés. J'avais déclaré que la cause des ouvriers était juste. La grève avait cessé, mais elle a repris de plus belle en mars. On a fait venir d'autres régiments plus disciplinés. Ils ont tiré, des hommes sont morts. La grève a cessé de façon définitive, le travail a repris. J'ai été condamné à six mois de prison pour m'être rebellé et ne pas avoir exécuté les ordres de l'autorité. Mais j'en suis fier de ne pas avoir mis ma baïonnette au service des patrons. Toute mon unité a aussi été jugée.

Ensuite, j'ai fait partie de l'armée de la Loire et je me suis battu à Tours contre les Prussiens. J'ai été nommé sergent pour ma bravoure, car là j'ai mis ma baïonnette au service de la France. Revenu à Paris avec mon unité, j'ai eu une altercation avec un officier du génie, de nouveau j'ai fait de la prison. Après, lors des événements du 18 mars, j'ai rejoint les insurgés et j'ai pris part à des combats contre l'armée de Versailles. Là aussi je n'ai pas eu peur de *mettre ma baïonnette au service de la justice et de la liberté. Je me suis sauvé de Paris à la fin, mais on m'a reconnu et arrêté le 28 juin. Ils m'ont condamné à mort le 4 septembre 1871. Je ne regrette rien.*

– Ils ont fusillé le sergent?

– Oui, Tussy, en même temps que Rossel et Ferré au camp de Satory, le 28 novembre 1871. Son corps n'a pas été réclamé, il était orphelin. On l'a jeté dans la fosse Commune.

– Que peut-on dire des femmes et des enfants qui furent passés par les armes ?

– On passait par les armes au parc Monceau nombre de femmes et d'enfants, pour avoir tiré sur les soldats, disait-on, mais pas seulement. Des femmes et des enfants furent tués parce qu'ils portaient des vivres, des munitions et des pansements aux insurgés. Sur les barricades, on faisait la différence entre les tirs des combats sporadiques et les tirs des pelotons groupés en une décharge sonore. On massacrait aussi à l'arme blanche, dans ces moments-là, la fureur n'est plus contrôlable pour certains. Pour d'autres, c'était l'appât du gain, on détroussait ceux qu'on venait de tuer.

– Et les pétroleuses ?

– C'est un mythe, une invention des versaillais, aucune femme ne le fit volontairement[35]. Malgré cela, des centaines de femmes sont mortes injustement. Il suffisait qu'elles fussent mal vêtues, avec l'odeur de la poudre ou de la cendre pour être déclarés incendiaires. Mais dans les incendies et au milieu des tirs, nous étions tous imprégnés de ces odeurs. C'est à ce moment, au milieu de ces massacres sans jugements que les premiers otages de la Commune ont été fusillés. L'officier qui l'avait accompli nous en fit le récit.

« Depuis hier, nous apprenions à chaque instant les fusillades sommaires commises par les versaillais. Nous avions compris que le massacre général était le mot d'ordre et que ni les femmes et les enfants n'y échappaient. L'exaspération, la colère étaient à son comble, alors on s'est rendu à la prison de la Roquette où les otages étaient retenus. Muni de pouvoirs, je suis allé sortir de cellule des prisonniers, six au total. J'ai demandé des volontaires, l'un me dit qu'il voulait venger son père, un autre son frère, un autre sa femme. Ils avaient tous combattu sur des

---

[35] Lorsque les archives furent devenues consultables dans la seconde moitié du XX ième siècle, on s'aperçut que ces accusations étaient dénuées de fondement et qu'aucune femme ne fut condamnée pour incendie criminel. Les bâtiments incendiés à la fin de la commune le furent par les membres de la Garde nationale pendant leur retraite et brûlèrent au cours des combats de rue ou furent détruits par des obus incendiaires.

barricades et s'étaient repliés, voyant de loin les soldats de Versailles commettre leur exécution. Nous les avons conduits au chemin de ronde, on les a alignés contre le mur, trente fédérés ont fait feu. Bonjean, le président de la cour de justice, le massacreur de 1848, nous a demandé qui le condamnait. J'ai répondu la justice du peuple, il m'a répondu que ce n'était pas la bonne justice. Il s'est ensuite jeté à terre. Darboy, l'archevêque de Paris, est resté debout avec une blessure à la tête. Allard, le prêtre et Darboy sont morts avec courage, les autres, non ».

— Nous avions écouté le récit avec angoisse, j'avais compris tout de suite que cet acte allait provoquer de nouvelles fusillades et des procès sans jugement. Je suis monté à la lanterne de la mairie[36] du XI ième. Paris brûlait.

De part et d'autre des rives de la Seine, les rues étaient en feu, des bâtiments en flamme, des explosions retentissaient. J'ai pensé alors à l'incendie de Moscou.

– Lissa, veux-tu faire une pause ?

– Oui ! Je veux juste terminer ce chapitre en précisant que toutes les nuits, des messages nous parvenaient réclamant des munitions, des hommes. Mais nous n'avions plus de munitions, plus d'hommes, la fin approchait.

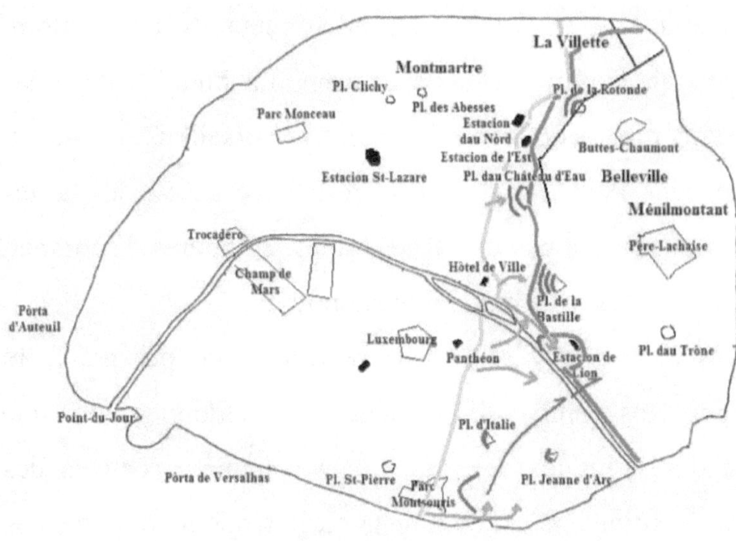

Front du 24 au soir au 25.

---

[36] En architecture, une lanterne est une tourelle qui éclaire un bâtiment par le haut.

– Le lendemain, toutes les colonnes des versaillais avançaient. L'Hôtel de Ville résistait, mais là aussi, ils le contournèrent par le boulevard Saint-Martin, la place des Vosges et la rue Saint-Antoine. La place était entre leurs mains. Ils remontèrent ensuite les rues pour prendre de flanc la Bastille. Des ponts d'Austerlitz et de Bercy, ils parvinrent à envahir tout le XII ième arrondissement. Notre territoire rétrécissait comme peau de chagrin. La butte aux Cailles résistait, mais sans cesse les renforts versaillais arrivaient. C'est dans l'après-midi que la résistance cessa, et que les survivants furent passés par les armes, 36 heures de combat, le général Vinoy ne pouvait le supporter.

Les forts d'Ivry et de Bicêtre furent occupés par leurs troupes sans combat. Ils avaient été abandonnés pour que les fédérés qui les défendaient ne soient pas coupés des autres positions. C'est ce jour-là ou le lendemain, je ne sais plus, que Millière fut tué. Avocat, journaliste, socialiste, il avait commandé un bataillon de la Garde Nationale durant le siège de Paris. Il avait soutenu notre mouvement, mais n'avait jamais pris part aux combats. Un journal royaliste a écrit qu'il avait été tué après avoir déchargé son revolver sur des soldats. Conduit devant le général Cissey, il aurait déclaré avoir tué trente fédérés qui avaient refusé de combattre les soldats de Versailles. On le fusilla tout de suite. Mais tout cela était mensonge. Il avait été arrêté chez son beau-père, rue d'Ulm. C'est là qu'ils l'ont tué de façon illégitime, il était député depuis les élections de février 1871, il était donc sous immunité parlementaire. Mais voilà, il siégeait dans les rangs de l'opposition. Et Cissey fut impitoyable, ce fut l'un des bourreaux les plus sanglants de la Commune. Pour lui, être socialiste était déjà une preuve de culpabilité.

– Que peux-tu dire de ce général ?

– Il était à la tête de l'un des corps d'armée de Versailles. Il fut l'un des massacreurs, avec Vinoy et Galliffet. C'est ce dernier qui fut le plus féroce. Un fou qui prélevait sa dîme dans les convois de prisonniers. On l'a surnommé le « marquis aux talons rouges ». On raconte qu'un jour, il a fait sortir des rangs de l'un de ces convois, ceux qui avaient les cheveux gris et il leur a dit qu'ayant les cheveux gris et donc ayant vu la révolution de 1848, ils étaient plus coupables que les autres. Il les a fait mitrailler dans les fossés de Passy. Je reviendrai plus tard sur ces massacres.

Ne perdons pas le fil des événements de la journée, mais avant, il faut que je te parle de Vermorel.

– Le journaliste de la « Réforme », je connais son journal, mon père y a écrit des articles.

– Oui, comme Arago, Blanc, Proudhon, Bakounine, Engels. Vermorel avait été élu au comité du XVIII ième arrondissement. Il faisait partie de la commission de la justice, il était mon ami. Il a combattu sur les barricades. Il a été fait prisonnier puis il a été interné au camp de Satory. Blessé, il est mort faute de soins, comme beaucoup, comme des milliers. C'est ce même jour qu'est mort Delescluze. Je l'ai vu traverser avec des fédérés la rue pour aller combattre sur le Château-d'Eau, il était habillé comme tous les jours, avec son chapeau et sa redingote, simplement ceint d'une écharpe rouge à la taille. À l'entrée de la barricade, ceux qui l'accompagnaient se protégèrent. Les obus pleuvaient. Lui, continua à marcher, il escalada la montagne de pierre, se tint droit, fut foudroyé de suite et tomba de l'autre côté de ce mur.

– C'était un suicide !

– Oui, il savait le combat perdu, il ne voulait pas se rendre, il ne voulait pas se faire fusiller. Il avait choisi sa mort. Ce fut son dernier acte de liberté. On dit qu'il fut enterré par les versaillais dans un lieu inconnu pour éviter que l'endroit ne devienne un lieu de mémoire[37].

La bataille faisait rage place de la Bastille. L'armée ne parvenait pas à prendre l'endroit. Alors, ils firent venir des canonnières par la Seine. Elles arrivèrent par le canal Saint-Martin. Les tirs firent sauter tout le dispositif de défense. Elles poursuivirent leur traversée jusqu'au quai de Bercy et noyèrent d'obus le Faubourg Saint-Antoine et la place du Trône. Au soir du 25, les troupes de Versailles occupaient une ligne allant de la place de la Chapelle, et qui passait par le Château-D'Eau, la Bastille, le pont d'Austerlitz. Notre territoire se réduisait de plus belle. Toute la rive gauche était entre leurs mains. On prit la décision de transporter les services dans la mairie du XX ième. L'arrondissement était encore à nous, comme le XIX ième, un peu du XI et du XII ième. Nos gens étaient au désespoir, et je dois dire que de malheureux civils qui n'étaient pas en uniforme furent exécutés par les fédérés. Le délégué Longuet ne dut sa survie qu'au fait qu'un commandant de bataillon l'avait reconnu. Il avait oublié son écharpe rouge. Toute la nuit, on

[37] On sut par la suite qu'il fut enterré dans la fosse commune de Montmartre. Considéré par Thiers comme en fuite, il fut condamné à mort en 1874 par contumace.

évacua dans des fourgons les munitions. Au matin du vendredi 26, on savait que c'étaient nos dernières heures.

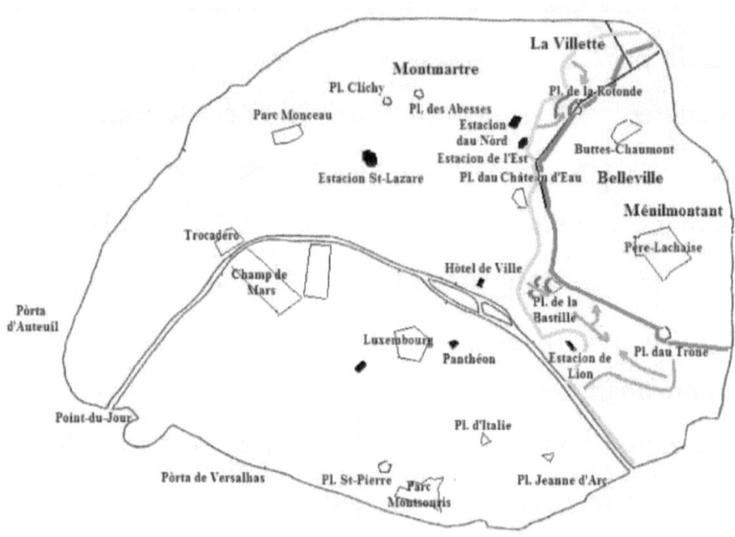

Front du 25 au soir au 26.

Témoignage de Louis Rossel, Versailles, Camp de Satory, août 1871.

– Je suis un traître pour la Commune et un traître pour Versailles. Alors où se trouve la vérité ? En avril, la Commune me nomma chef d'état-major. En tant que tel, il me paraissait normal d'organiser les Gardes Nationaux comme une armée régulière. Mais beaucoup ne voulaient pas se battre, ou discutaient les ordres, ou refusaient la nomination d'un officier ou d'un sous-officier. On se réunissait, on discutait pendant que l'armée de Versailles était aux portes de Paris. On ne m'écoutait pas, on me refusait des moyens ou quand on les acceptait, on ne les envoyait pas.

J'ai voulu démissionner une première fois fin avril, et là on m'a écouté pour quelques jours. On m'a nommé délégué à la guerre. Mais j'avais un opposant féroce, un imbécile doublé d'un fourbe et d'un lâche, Félix Pyat. Louise Michel m'a dit un jour que j'avais la science de l'armée régulière, puisque j'avais été capitaine de génie à Metz, puis colonel dans l'armée de Tours, mais que j'ignorais ce qu'était une armée d'insurgés. Peut-être, mais je savais reconnaître des traîtres à la France et à la Patrie, comme Thiers et le maréchal Bazaine que j'ai soupçonnés tout de suite en 1870 de ne pas vouloir gagner la guerre contre la Prusse. La raison de cette abdication était leur volonté de restaurer l'ordre moral conservateur et monarchique. La défaite était pour eux, une étape vers cela. La preuve ? Pour Bazaine, il a capitulé sans combattre le 29 octobre 1870. Pour Thiers, dès l'automne de 1870, il a mené avec Favre des négociations avec les Prussiens, alors que Paris résistait et que Gambetta refusait la reddition à Tours. Je me suis enfui de Metz. Puis j'ai rejoint l'armée de Gambetta, puis la Commune qui refusait la soumission de Thiers à la Prusse.

Pyat a continué à refuser les moyens, les hommes, les munitions que je réclamais. Alors j'ai de nouveau donné ma démission, en leur disant que j'avais l'honneur de me retirer et de leur demander une cellule à Mazas. Ils m'ont arrêté, mis dans une pièce de l'Hôtel de Ville, et quand je suis parti par la grande porte, les gardes ont détourné la tête. Je suppose que le conseil de la Commune me préférait en fuite que prisonnier. J'ai été blessé par une chute, je me suis fait soigner dans une chambre du boulevard Saint-Germain. Je ne me suis pas enfui, je préférais rester à côté du peuple et des vaincus, pourtant la Commune m'avait déclaré traître. Pour Versailles, j'avais rejoint les insurgés *et combattu avec eux, donc j'étais un traître aussi. Ils m'ont jugé et condamné à mort. Thiers m'a proposé de me gracier si je partais en exil. Non ! Il n'en est pas question. J'assume mes responsabilités. Je ne trahis pas mon pays et mes convictions malgré leurs dires. Et puis, je ne vais quand même pas soulager la conscience de ce petit homme.*

Si c'était à refaire, peut-être que je ne me rallierai pas à la Commune, mais il est certain je ne servirais pas Versailles. Je vais mourir, mais une fois mort, je suis inattaquable. J'ai appris ces derniers mois qu'un soldat discipliné et fidèle peut et doit désobéir sans se dégrader. Désobéir à la capitulation, désobéir à la fuite, désobéir à la honte de se courber devant l'ennemi. Désobéir à ceux qui répriment les exigences sociales des ouvriers et des pauvres.

Lors de mon procès, j'ai reconnu les faits. J'avais épousé la cause des insurgés pour mieux rompre la paix avec les Prussiens et continuer la guerre pour les expulser. Ils m'ont jugé pour attentat afin de renverser le gouvernement, de mener la guerre civile, d'avoir pris le commandement de bandes armées, d'usurpation de titre et de fonctions et de désertion. Non, qu'ils m'accusent de ce qu'ils veulent, mais pas de désertion[38] ! Ce sont eux qui ont

déserté ! Ils m'ont condamné à mort, soit ! Mais ils m'ont
aussi dégradé, et cela est injuste.

---

[38] De Gaulle rendra hommage à Louis Rossel dans ses écrits, pour n'avoir pas cédé à l'armistice de janvier 1871.

– Rossel a refusé la grâce de Louis Rossel?

– Non, la commission des grâces, constituée en juin 1871 l'a refusé, au motif qu'il avait abandonné sa Patrie et l'avait combattue ! C'est Thiers qui, voyant les démarches de nombre de personnalités tant en France qu'à l'étranger, lui a proposé de le libérer, de peur d'en faire un martyr. Il l'est devenu et avec le temps, il deviendra un symbole. Celui d'un officier qui avait refusé la capitulation de Thiers, de Favre, de Bazaine de Mac-Mahon et de tous les autres.

– Nous en étions au vendredi 26 mai.

– Oui, au petit matin, les dernières barricades de la Bastille cédaient. Les soldats étaient trop nombreux et les nôtres qui n'avaient pas dormi depuis des jours, épuisés. Tous les débris de notre armée se réfugièrent dans le XX ième arrondissement. Ce fut la mairie de Ménilmontant qui fut le centre des opérations. Le général Vinoy avançait par le Père-Lachaise, et le général Ladmirault par les Buttes Chaumont. Rue de Charenton, on ne comptait plus les morts par centaines sur la redoute.

– Qu'en est-il de l'aide que les Prussiens apportèrent aux versaillais ?

– Ils occupaient les voies de chemin de fer du nord et de l'est de Paris. Sur une ligne de Saint-Denis à Charenton, ils placèrent des sentinelles en nombre. Personne ne devait ni sortir ni entrer dans la ville. C'est ainsi qu'aucun renfort ne nous parvint des Communes de l'est, et très peu de fédérés purent s'échapper. Nous étions pris entre les deux armées. Des milliers de Bavarois prirent position à Vincennes, Nogent, Montreuil. Ils firent des prisonniers notamment à Belleville, et les amenèrent près de Montreuil où un tribunal militaire français les jugea et les mitrailleuses des versaillais les abattirent. Bismarck aidait Thiers de toutes ses forces. Capituler et abandonner l'Alsace et la Lorraine, oui, mais à charge de revanche pour les aider à briser la révolution de la Commune.

Les survivants des rues envahis en se réfugiant vers l'enclave qui nous restait nous décrivaient les fusillades qui s'amplifiaient. Place de la Bourse, on avait tué tous les prisonniers. Rue Turbigo, une femme s'était précipitée devant son mari pour empêcher qu'on le tue, les baïonnettes l'avaient embrochée en même temps que lui. C'est en entendait cela que la foule et certains gardes sortirent les otages de la Roquette et les fusillèrent rue Haxo. Comme j'aurais voulu comme tant d'autres délégués que ce massacre n'ait pas eu lieu. Cela entachera à jamais notre mouvement.

Les dernières barricades tenaient dans les rues étroites de Ménilmontant et de Belleville. La nuit est venue au son des canonnades. Les derniers débris des bataillons nous rejoignaient.

– Combien étiez-vous ?

– Mille, deux mille maximum, très peu !

– Il faudrait que tu puisses parler d'Adolphe Thiers dans ton livre !

– C'est difficile pour moi d'en parler. Non, pas difficile, mais douloureux. Je peux citer une phrase de lui et qui le résume. Quand il s'est converti à la République, après avoir abandonné l'idée de rétablir la monarchie, puisque les royalistes ne voulaient pas de lui au gouvernement, il a dit « La République sera conservatrice ou ne sera pas ».

– Mon père le traitait de nabot monstrueux !

– Il a raison sur le terme monstrueux. Il avait promis le massacre des communards, il a tenu sa promesse. Il a voulu continuer les massacres, après la fin de la Commune pour montrer une « salutaire terreur aux Parisiens », il a tenu son objectif. Il jouait l'indignation quand les journaux anglais ont parlé de massacres, de viols et de jugements sommaires.

Il a parlé de mensonges et d'infamies, mais c'est lui qui mentait et était infâme.

Quelques jours auparavant, il s'était indigné du refus de l'Angleterre et de la Suisse de livrer les fugitifs de la Commune. Il abreuva la presse versaillaise d'articles injurieux contre ses pays. Dans le même temps, Il voulait reconstruire sa maison à Paris, détruite pas les obus. Il se fit donc verser la somme d'un million de Francs pour la reconstruction alors que les massacres continuaient et que la peste se déclarait avec les milliers de cadavres abandonnés. Il signa lui-même le décret. Que dire de plus ? La journée de samedi allait commencer, triste, lugubre, sinistre comme le ciel de Paris.

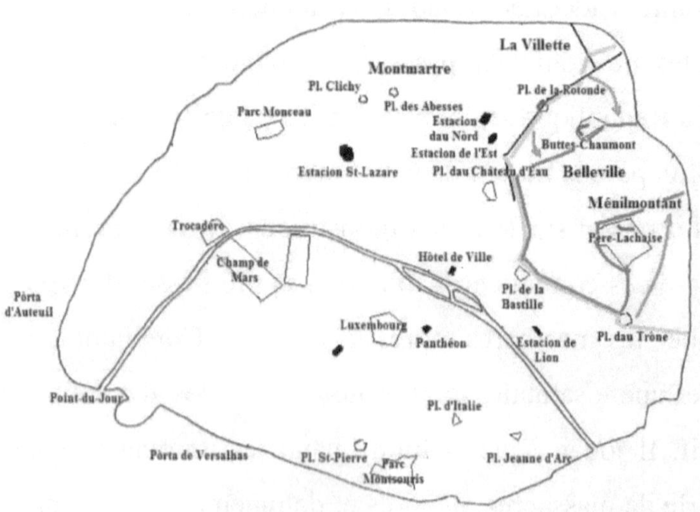

Front du 26 au soir au 27.

Témoignage de François Jourde[39], Paris, samedi 27 mai 1871.

Tout est fini, encore quelques heures et l'armée de Versailles aura raison des derniers défenseurs. J'avais quitté le quartier général de Belleville. On m'avait dit qu'il fallait reprendre des documents importants qu'on avait oubliés dans la mairie du XIième. Arrivé place Voltaire, déserte, je vis deux fédérés en capote. C'était mes amis Ferré et Gambon[40]. Ils me précisèrent que les documents en question avaient été enlevés et placés en lieu sûr. Je pris le chemin du retour, J'avais trop compté sur mes forces. En remontant la rue du Chemin Vert, je pris la décision de prendre une chambre dans le premier hôtel venu. J'étais épuisé. Je m'endormis dans un lit au cinquième étage. En plein milieu de l'après-midi, je fus réveillé par des obus qui tombaient dans la rue. Les versaillais occupaient l'arrondissement. Les tirs cessèrent et j'entendis les bruits des soldats qui entraient dans toutes les maisons. J'étais

[39] Délégué aux finances, il géra correctement les fonds de la Banque de France et fit verser la solde des Gardes nationaux. Sa gestion rigoureuse lui apporta la rancune de nombreux membres de la commune.

[40] Membre du comité de salut public, il fuit en Belgique, puis en Suisse. En novembre 1871, le Conseil de guerre le condamne, par contumace, à vingt ans de travaux forcés, puis en 1872 à la peine de mort.

coincé, je pris la décision de rester dans la chambre. Quelques heures plus tard, j'entendais en bas, le bruit des exécutions. On assassinait. Un bataillon campait au bas de l'immeuble. De ma fenêtre qui donnait sur la porte de la prison de la Roquette, je vis un peloton de prisonniers qu'on fit entrer dans l'enceinte.

Les tirs commencèrent, lancinants. Les chambres de l'hôtel étaient maintenant fouillées. On poussait les gens dans l'escalier. Arrivés dans la rue, on les alignait et on les fusillait. Je laissais la porte ouverte et fit semblant de dormir, persuadé qu'ils allaient m'emmener, rien ne se passa. Plus tard, le propriétaire vint me voir et me dit qu'il valait mieux que je parte.

En quittant l'hôtel, je ne savais pas où me cacher. Je parvins à échapper aux patrouilles. Je pris la direction des terrains vagues qui bordent la Bièvre[41]. Je descendis sur la voie du chemin de fer. Puis je rejoignis le faubourg Saint-Germain dans la nuit. Mes papiers indiquaient que je logeais rue du Bac, non loin. Je pouvais expliquer que j'étais dans mon quartier. Arrivé aux Halles, je pourrais me mélanger aux marchands qui les envahissaient de bonne heure. Dans la rue de Grenelle, un garde au brassard tricolore m'arrêta. Deux autres le rejoignirent et je dus les accompagner au poste de garde. Malgré mes papiers qui paraissaient authentiques, mais qui donnaient l'identité d'un ami, on me garda jusqu'au matin. Un capitaine vint me voir et m'indiqua qu'il allait demander le concierge qui pourrait justifier de mon identité. Celui-ci ne me connaissait pas et pour cause. J'étais perdu. En arrivant, il dit que je n'étais pas la personne qui habitait dans son immeuble. Je jouais l'étonnement et je dis à l'officier qu'il devait avoir peur d'être compromis. Je le priais de chercher mon ancien professeur qui habitait non loin. J'espérais que me voyant mal en point, il aurait la présence d'esprit de ne

---

[41] Cette rivière a existé jusqu'au début du XXième siècle. Elle prenait sa source dans les Yvelines et se jetait dans la Seine au niveau du Pont d'Austerlitz.

pas me compromettre. Mais en arrivant, il prit peur et dit à l'officier qui j'étais.

Je comparus de suite devant la cour martiale, interrogatoire fantaisiste, chefs d'inculpations inventés, et condamnation à mort. Tout était joué en quelques minutes. Le peloton se préparait. Une estafette entra dans la pièce où l'on me gardait et donna un pli scellé au capitaine. Il s'agissait de l'ordre de surseoir à mon exécution. On leur donna l'ordre de me mettre à la disposition de Monsieur Claude de la police de sûreté de Paris. Je compris qu'on voulait m'interroger pour me faire dire quels avaient été les détournements que j'avais pu faire dans les caisses de la Banque de France, en tant que responsable.

Durant mon emprisonnement, une jeune fille fut amenée. On l'accusait de vol, un morceau de miroir qu'elle disait avoir trouvé dans la rue en se rendant à son atelier. Un homme l'accusait de l'avoir dérobé dans un magasin. Elle était belle, à peine quinze ans. Son visage ne m'était pas inconnu. Soudain, je compris qu'elle ressemblait au buste de la Marianne des mairies. Elle avait servi de modèle[42]. Elle comparut devant Claude et fut condamnée à mort. Un morceau de miroir allait lui coûter la vie. Quelques minutes

---

[42] L'Histoire ne retint pas son nom.

plus tard, un soldat entra et me dit que l'affaire était faite. Je pensais à ce moment-là que la Commune venait de mourir.

On me conduisit à la prison du Luxembourg. Lieu abominable, où nous étions des centaines parqués dans des cellules infectes, j'y restais deux jours. Je fus ensuite interné à Satory. Deux mois après et quelques interrogatoires plus tard, je fus condamné à la déportation.

J'avais échappé, par je ne sais quel miracle, au peloton.

– Vers quel bagne, ont-ils condamné Jourde?

– En Nouvelle-Calédonie. Il a pris le bateau l'année dernière[43].

Captivité de François Jourde en Nouvelle-Calédonie.

– Nous en étions au samedi matin.

– Dès le matin, Vinoy fit installer des pièces d'artillerie place du Trône, en direction du boulevard Voltaire, pour tirer à outrance sur la barricade. Deux canons et 20 fédérés la défendaient. Elle résista toute la journée.

À midi, une dernière réunion rue Haxo rassemblait une vingtaine de membres du conseil de la Commune[44], les

---

[43] Il s'échappa en 1874 avec Henri Rochefort et d'autres détenus.
[44] Sur 92 membres élus le 26 mars.

autres étaient morts en combattant, fusillés par les versaillais ou en fuite. Nous décidâmes de nous rendre tous aux barricades et de combattre, il devenait inutile de donner des consignes, c'était fini.

Dans l'après-midi, on apprit la prise de la rue de Charonne, les tirs se rapprochaient. Beaucoup de personnes étaient venues se réfugier à la porte de Romainville[45], près des murs d'enceinte. Ils avaient été chassés par les obus qui avaient ravagé leur demeure. Ils voulaient se réfugier vers la campagne toute proche, mais au-delà des murs, il y avait les Prussiens. Deux francs-maçons, agitant des drapeaux blancs dans leurs directions et voulurent leur demander le passage pour ces malheureux. Le pont du fort s'abaissa et la foule courut vers les champs proches. Des Gardes Nationaux voulurent les empêcher pour une raison inconnue, ils frappèrent des femmes et des enfants. Beaucoup se réfugièrent dans les maisons du village de la Commune des Lilas. Les Prussiens, accompagnés des gendarmes français allèrent fouiller ces maisons et les arrêtèrent. Les autres furent repoussés, quelques tirs se firent entendre. Les réfugiés revinrent vers le fort. Les Prussiens firent savoir

[45] Ou porte des Lilas.

que personne ne passerait, ils n'avaient pas d'ordre pour cela.

Les buttes Chaumont furent réduites au silence dans la journée. La barricade du Faubourg du Temple cédait. On envahissait la mairie du XX [ième].

– Et le Père-Lachaise ?

– Ce fut dans la nuit. Les régiments attaquèrent par trois côtés. On se battit mètre par mètre, tombe par tombe dans le cimetière. À la fin de la nuit, des centaines de corps jonchaient les lieux, uniformes confondus. Un journaliste anglais a décrit la prise de l'une des dernières barricades, celle du boulevard Voltaire. Tout en voyant des dizaines de fédérés fusillés, il vit une pauvre femme se débattre. Des troupiers la saisirent, la dépouillèrent de ses vêtements et l'officier la condamna à mort pour avoir tiré sur ses hommes. Elle lui dit que peu importe, ses quatre fils et son mari étaient morts sur les barricades, elle voulait les rejoindre. Le dimanche au matin, les dernières résistances tombaient. À Belleville, la résistance continua jusqu'aux dernières cartouches. Les derniers à lutter furent des soldats alsaciens et lorrains venus soutenir la Commune, après que leur terre avait été envahie par les Prussiens. Des fédérés se réfugièrent dans les carrières d'Amérique[46] et se donnèrent la mort pour échapper à la honte du peloton. C'était fini.

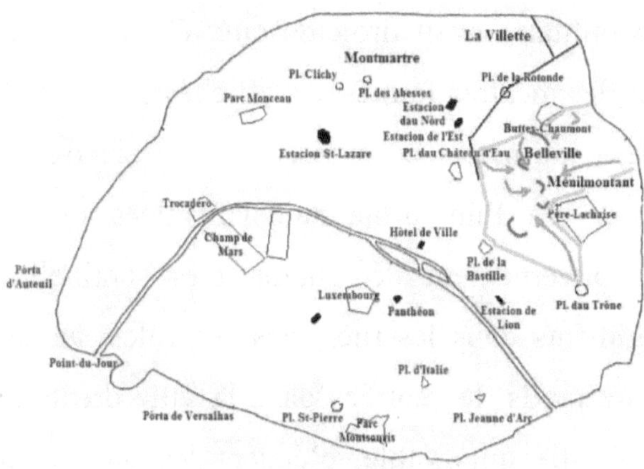

Front du 27 au soir au 28.

<hr>

[46] Situées près des buttes Chaumont, les carrières produisaient le gypse servant à produire le plâtre et la chaux pour les constructions de Paris. Exploitées jusqu'en 1873, le nom provient d'une légende (?) indiquant que du plâtre fut envoyé à Washington pour construire la « Maison Blanche ».

– L'ordre régnait à Paris, le lundi 29 mai, le fort de Vincennes se rendit. L'officier supérieur, le colonel Merlet s'était donné la mort. Les officiers furent fusillés, les soldats emmenaient dans les geôles de Versailles. Dans les jours qui suivirent, Paris fut divisé en quatre secteurs sous les ordres des généraux Vinoy, Ladmirault, Cissey et Douay, Mac-Mahon en avait le commandement en chef. C'était l'état de siège. Tous les pouvoirs civils étaient suspendus. Seule l'autorité militaire avait droit de cité. Couvre-feu à 11 heures le soir, les théâtres fermés, les affiches soumises à autorisation, les journaux censurés, toutes personnes trouvées en possession d'une arme étaient fusillées, c'était les ordres du gouvernement de Thiers. Des sentinelles partout, des régiments dans les rues, des contrôles, aucun laissez-passer aux civils, les entrées dans la ville difficile, les sorties de la ville impossible, c'étaient les ordres du gouvernement de Versailles. La ville entière fouillée, des dizaines de milliers de personnes arrêtées, des milliers et des milliers de personnes parfois condamnées par un simulacre de tribunal et d'autres fusillées de suite sans tribunal, c'était les ordres de la réaction. Ils avaient eu tellement peur de notre mouvement.

– Comment t'es-tu sauvé ?

– On a raconté que je fus l'un des derniers à combattre sur la dernière barricade de Belleville, rue Ramponneau. Non, je ne fus le dernier, quelques-uns furent tués après moi. J'ai reçu un choc à la tête, après mon évanouissement, je me suis réveillé en pleine nuit, le lundi, avec le silence autour de moi, et les cadavres par-dessus. Je n'étais pas blessé. J'ai rampé doucement, les faisceaux des fusils et les feux des versaillais n'étaient pas loin. J'ai quitté l'endroit et j'ai rejoint les carrières d'Amérique. Des compagnons s'étaient donné la mort. J'ai failli faire de même. Puis je me suis dit qu'il fallait témoigner, écrire, faire connaître les derniers moments de la Commune et surtout la faire vivre et la faire connaître dans l'Histoire. Alors j'ai poursuivi ma route vers Romainville, puis voyageant la nuit, me cachant le jour, j'ai traversé la frontière belge et je me suis réfugié à Bruxelles. Lors de la décision du gouvernement de Belgique d'accéder à la requête de Thiers de leur renvoyer les communards, j'ai fui à Londres, où j'ai rencontré Paul Lafarge qui m'a fait connaître ton père, et je t'ai rencontré lors de cette réception en faveur de ta sœur Laura.

– Heureusement que tu as pris cette décision, sinon tu serais mort.

– Il fallait vivre pour témoigner. Mais te rencontrer fut un autre bonheur, le premier après ces jours funestes. Je vais décrire maintenant ce que j'ai vu avant de m'enfuir. Le dimanche matin, avec un compagnon, je suis allé voir, en me déguisant, rue Voltaire ce que nous décrivaient les fédérés témoins des massacres. Je veux maintenant témoigner de ces atrocités.

Nous vîmes sur les marches de la mairie, les cadavres encore chauds de nos frères. On avait placé sur leurs poitrines, des écriteaux : « assassin », « voleur », « ivrogne ». Je savais que 3 000 de nos soldats faits prisonniers au cimetière du Père-Lachaise, avaient été emmenés à la prison de la Roquette. Toute la journée du dimanche, on a entendu les tirs. Je savais que pas un seul n'en sortirait vivant. On avait fait entrer les mitrailleuses dans l'enceinte pour aller plus vite. Dans toutes les rues, les cadavres s'amoncelaient, parfois depuis plusieurs jours. Partout dans les casernes, les prisons, à l'école militaire, au Louvre, on tuait. Des dizaines et des dizaines de tribunaux militaires siégeaient dans les rues et les quartiers de Paris. *« Avez-vous pris les armes », « Avez-vous fait partie de la*

Commune », « *Avez-vous tiré contre nos soldats* », « *Montrez vos mains* ». Les officiers, qui présidaient ces tribunaux, n'attendaient pas les réponses. On envoyait au peloton sur l'aspect des figures ou des mains. Quelques-uns étaient déclarés « ordinaires », c'est-à-dire d'un bon aspect. Mais on ne les relâchait pas ! Non, on les envoyait à Versailles par colonnes. Les autres, les « classés » étaient emmenés par les soldats pour mourir tout de suite.

– Et le général Galliffet ?

– On m'a décrit par la suite ses folies. Je t'ai raconté ce qu'il avait fait sur « les cheveux blancs » d'une colonne de prisonniers. Il s'amusait à arrêter les communards entravés qui partaient pour Versailles, afin de « les éclaircir », disait-il. Il considérait que c'était un crime d'avoir aidé notre mouvement. Il fit fusiller un employé coupable d'avoir émis un télégraphe pour la Commune. Comme il pensait qu'à Versailles, les tribunaux seraient plus cléments, il prenait sur lui de ne pas envoyer ces malheureux et de les condamner à la mort, sans jugement. Tous les militaires, les sous-officiers ou les officiers ne lui ressemblaient pas, fort heureusement, mais ils devaient obéir aux ordres, sinon c'était eux qu'on exécutait. J'ai pu recueillir des témoignages quelques mois plus tard. Chez un marchand de vin de la place Voltaire, on vit quelques soldats entrés le dimanche matin. Ils étaient las, brisés, les yeux tristes. Un homme leur posa la question s'il y avait beaucoup de morts ! D'un ton las, l'un d'entre eux précisa qu'ils ne devaient pas faire de prisonniers, c'était l'ordre du général. Il « faut tuer », précisa-t-il ! Il raconta ensuite qu'un homme sans arme sans uniforme s'était présenté devant eux, il l'avait tué à bout portant, sans trop savoir qui il était. Dans le doute, il « faut aussi tuer ».

Il y eut beaucoup de meurtres de personnes que l'on prenait pour d'autres, à cause de vagues ressemblances. Ainsi Billiorey[47] fut « tué » à plusieurs reprises, alors que le vrai avait réussi à se cacher durant quelques jours, avant de se faire arrêter. Vallès fut « tué » le jeudi 25 mai. Juste après la mort, on fouilla la victime et on s'aperçut que ce n'était pas Vallès. On n'avait pas pris la peine de fouiller la victime avant. Le vrai ne fut jamais pris. Il réussit à se sauver à l'étranger[48]. Je l'ai rencontré il y a peu. Il me disait qu'avant de s'apercevoir que le « second Vallès » n'était pas non plus le bon[49], l'administration de Versailles avait

[47] Artiste peintre, il est élu membre du conseil de la commune, il meurt en déportation en 1877.

[48] Journaliste, écrivain, il parvint à se réfugier à Londres.

[49] Deux personnes furent confondues avec l'écrivain.

émis un certificat de décès le concernant. Cela avait facilité sa fuite.

La presse réactionnaire se déchaînait. Pour ne citer que quelques exemples, le Figaro titra qu'un « républicain était une bête féroce », et le Bien public qu'il « faut faire la chasse aux Communeux ». Le Journal des Débats comparait Paris à un ennemi et que l'armée s'était vengée des désastres de 1870 par une victoire inestimable. Durant des jours et des jours, la Seine coulait rouge. Le sang qui se déversait dans les rues allait colorer la rivière.

– Ils l'ont arrêté le dimanche après-midi, rue Lafayette. C'est un prêtre qui l'a reconnu et dénoncé à une patrouille. On l'a fouillé, et on lui a lié les mains. Il était entouré d'un officier et de quatre hommes. Sur le chemin des Buttes Montmartre, un passant l'a reconnu, c'est « Varlin » s'est-il écrié. De suite, des gens l'ont suivi. Le nombre grossissait et arrivé au bas des Buttes, une foule importante s'était massée. Il fut mis en présence d'un général, je ne sais pas qui c'était. L'officier parla à celui-ci, qui lui dit « là-bas, contre le mur ». La foule devint menaçante. Des personnes hurlaient que ces misérables avaient assassiné des généraux et des prêtres rue des Rosiers, il fallait les faire souffrir. Varlin, lui qui avait essayé d'empêcher les massacres, écoutait, impassible. On l'emmena dans cette rue, mais le tribunal établit dans celle-ci, s'opposa à son exécution. On le reconduisit au bas des Buttes, suivi toujours par des milliers de personnes. On l'adossa au mur. Il resta droit, regarda les soldats. Un de ceux-ci, impressionné peut-être, fit feu avant les autres. Les autres tirs suivirent une seconde plus tard, avant même l'ordre de

l'officier. La foule, qui criait la mort quelques minutes avant son exécution, se tut, impressionnée par son courage.

– Lissa, comment la foule avait-elle pu vouloir la mort de Varlin ? Il s'était chargé de donner à manger aux nécessiteux durant le siège. On avait parlé « des marmites de Varlin ».

– Tussy, Paris n'était pas toute la Commune, et la Commune savait qu'elle ne représentait qu'une partie de Paris.

– Mais, cela s'est passé dans les quartiers populaires de Montmartre, ils savaient que c'était Varlin, l'un des leurs.

– La défaite était passée par là. Il fallait montrer ou démontrer que l'on avait haï ce que l'on avait aimé auparavant. La presse réactionnaire, voulant le déshonorer, avait écrit qu'on l'avait retrouvé porteur d'un demi-million sur lui et avec lequel il allait s'enfuir à l'étranger. J'ai eu accès au procès-verbal de son arrestation, il était indiqué qu'on avait trouvé un portefeuille à son nom, un canif, une montre en argent et 284 francs et 15 centimes dans le porte-monnaie.

Il avait terminé le combat sur la dernière barricade, rue de la Fontaine au Roi, avec Ferré et Clément. Elle avait succombé peu après midi, le dimanche. Ferré avait été arrêté de suite, Varlin, avait pris le chemin de son domicile, essayant d'échapper aux patrouilles. Jean-Baptiste[50] eut plus de chance. Il a réussi à fuir de Paris et à se réfugier ici à Londres. Je l'ai félicité pour sa chanson qu'il a écrite peu de temps après.

– La semaine sanglante ?

– Oui, les premières phrases évoquent les semaines qui suivirent, « la mode est aux conseils de guerre, et les pavés sont tout sanglants ». Le mardi 30 mai, on fusilla 148 prisonniers le long du mur de Charonne, dans au coin du Père-Lachaise. Ce ne fut que le début des assassinats de masse, et des meurtres gratuits. Durant des jours et des semaines, Paris vibra au son des pelotons. On y allait comme on allait voir un spectacle, une pièce ou un musée. Mais ce n'était pas une représentation que l'on jouait et ce n'était pas des tableaux que l'on contemplait. C'était des êtres vivants qui mourraient dans la dignité de ceux qui avaient voulu vivre pour être libre, et étaient tués pour l'avoir voulu. Le journal « Le Français » écrivait que de charmantes jeunes filles avec leurs ombrelles allaient voir les cadavres des suppliciés. On indiquait que des élégants buvaient tranquillement avec des filles sur les terrasses du

[50] Jean-Baptiste Clément, chansonnier, est l'auteur du « Temps des Cerises », de « la Semaine Sanglante » et de « Dansons la Capucine »

boulevard Saint-Michel alors qu'on enlevait les cadavres qui la jonchaient.

Cependant, au fil des jours, les mêmes journaux titraient, « assez de sang », « assez de meurtres », « assez de victimes ». Ils ne voulaient pas l'arrêt définitif, non, ils voulaient une pause, écrivant que la foule qui venait contempler ces spectacles prendrait goût aux meurtres. On voulait la bonne morale, mais on commençait aussi à avoir peur de la peste et des autres maladies. Depuis quelques jours, des milliers de martinets étaient trouvés morts dans les rues, en se nourrissant des insectes et notamment des mouches qui pullulaient sur les cadavres. Le fléau du Moyen Âge pouvait de nouveau apparaître dans la capitale.

On se dépêcha donc de déterrer certains cadavres provisoirement enfouis, et on les emmena en dehors de Paris, pour les ensevelir dans des fosses profondément creusées en les recouvrant de chaux et de terre. On s'aperçut alors que de nombreux fédérés avaient été enterrés vivants. On voyait les mains et les bras qui dépassaient de terre. Cela dura des semaines, il fallait trouver de nouveaux moyens, alors on se servit des casemates construites durant le siège. On les bourrait de cadavres, et on les enfouissait dans des sacs de terre et de gravats[51]. On pratiqua aussi la crémation de milliers de cadavres.

– Arrêtons pour aujourd'hui Lissa ! Je ne veux plus en entendre davantage.

---

[51] Durant des dizaines d'années, lors des travaux dans la ville, on découvrit de nombreuses fosses communes, l'un des dernières fut en 1897, 800 cadavres de fédérés furent découverts.

– Le 16 juin, les journaux titraient que le bois de Boulogne était interdit au public, on y pratiquait les exécutions par nombre de 10, une mitrailleuse remplaçait le peloton.

– Combien de victimes, Lissa ?

– On ne le saura jamais exactement ! Il y eut 12 000 Gardes Nationaux pour la défense de Paris, peu y échappèrent, plus les femmes, les enfants, les habitants des quartiers qui les rejoignirent sur les barricades, les exécutions sommaires, puis des gens qui étaient pris pour des communards par erreur ou par dénonciation volontaire. Les estimations officielles, corroborées par les officiers supérieurs donnaient le chiffre de 20 000[52].

– Et les prisonniers ?

– On a cité le chiffre de 50 000 pour les arrestations. Ce qui est plus vérifiable puisque l'on a enregistré les identités[53].

[52] Un décompte refait par l'historien anglais Robert Thombs en 2011, parle de 7 000 morts, en se basant sur les archives des cimetières de Paris. Il oublie les cimetières extérieurs, les fosses communes, les casemates et les crémations, ce que fit l'historien Camille Pelletan en 1880, se basant sur toutes les déclarations et témoignages, il approchait 30 000 victimes. Jacques Rougerie, parle de probablement 20 000, voire plus.
[53] Près de 20% sont relâchés car arrêté par erreur, ce qui laisse une hypothèse sérieuse de ceux qui furent « fusillés par erreur ».

De nombreux prisonniers furent tués sur le chemin de Versailles. Les correspondants étrangers les ont décrits, ils furent passés sous silence dans la presse française. Le chemin était un calvaire, les bien-pensants venaient les insulter, leur lancer des détritus et l'on vit quelques élégantes poussaient du bout de leurs ombrelles, les corps agonisants des charrettes. Arrivés ensuite au camp de Satory, ils étaient parqués par milliers, entourés de canons. Pas de soins, presque pas de nourriture, et les tirs des soldats qui les tuaient avant même leurs procès. Dans la nuit du 25 au 26 mai, 300 fédérés furent assassinés. On a dit qu'ils avaient voulu se révolter. Le camp fut vite trop petit, alors on en évacua par des voitures à bestiaux vers les ports et on le parqua sur des pontons, Brest, Cherbourg, La Rochelle, Lorient. Des dizaines de navires furent remplies de ces malheureux. On continua à arrêter, aucune maison, quartier et bâtiment de Paris n'échappa à la fouille. On avait les noms et pour ceux qui étaient absents ou en fuite, on emmenait la femme, l'enfant, le père ou le parent, peu importe. On fouilla les égouts où certains s'étaient réfugiés. On trouva bien plus tard des squelettes dans les catacombes portant les uniformes de la Commune. On fouilla les bois autour de Paris, avec des chiens où l'on arrêta des centaines de fédérés. On installa des gendarmes dans les gares, sur les routes des villes et villages autour de la capitale. Les personnes sans papier étaient transférées à Versailles. Les ports furent surveillés, les bateaux fouillés. Les dénonciations fleurissaient en masse.

Témoignage de Gustave Courbet, Paris, rue Hautefeuille le 7 juin 1871.

– Ils m'ont pris à mon domicile. Je n'avais pas participé aux combats. J'avais démissionné de mes fonctions au sein de la Commune pour protester contre l'exécution de mon ami, Gustave Chaudey. Au début du mouvement, j'avais adhéré avec enthousiasme. J'avais été nommé président de la fédération des artistes. Mon premier souci avait été de protéger les œuvres des vandales qui ne manquaient pas durant ces temps agités. J'avais fait blinder les accès du palais du Louvre, de la manufacture des Gobelins et d'autres lieux. Puis, la création du Comité de salut public m'avait éloigné du mouvement, avec d'autres j'avais signé le manifeste de la minorité.

On m'avait emmené à la prison de Mazas. Dans une lettre ouverte, j'avais indiqué avoir tout tenté pour sauver les musées parisiens. Ils me reprochaient la destruction de la colonne Vendôme. En fait, j'avais demandé son déboulonnage pour la faire transporter aux Invalides. Je voulais qu'on respecte les soldats de la Grande Armée. Eux, les ultras de la Commune, en avaient profité pour demander sa destruction[54]. J'avais même fait protéger la collection privée de Thiers. Les œuvres des artistes ne doivent pas subir les outrages de leurs propriétaires ou de leurs ennemis. Ils sont intemporels et ne peuvent être menacés par les actes politiques des contemporains.

Mon procès s'est déroulé. La sentence est tombée quelques jours plus tard. Je suis condamné à six mois de prison et à une amende, pour le motif d'avoir provoqué la destruction de la colonne. Ironie du sort, mais il faut avouer que c'est une sentence bien clémente. Mon nom est connu, pas seulement en France, mais aussi à l'étranger. Une condamnation plus lourde les aurait gênés.

Alors ils m'ont condamné comme un petit malfaiteur qui a commis un petit larcin.

---

[54] Elle survient le 16 mai. Mac-Mahon devenu Président de la République décide de la reconstruite aux frais de Gustave Courbet, il meurt avant d'avoir à payer la première traite. Elle est reconstruite en 1875.

Souvenirs de Lissagaray, Londres, septembre 1873.

— J'ai entendu dire que Courbet exposait maintenant de nouveau au salon des Refusés.

— Oui, Tussy, en mai de cette année, le salon s'est de nouveau ouvert. Quelle ironie ! Sais-tu que cela remonte à 1846 ? Déjà Gustave Courbet avait été refusé par le jury du Salon Officiel Parisien[55]. Rendons à Napoléon III, le fait d'avoir autorisé en 1863 ce « salon des Refusés ». Ainsi le public pouvait voir les œuvres des artistes tels que Manet, Renoir, Monet, Pissaro. On vient de rouvrir un espace en marge du Salon officiel. La grogne des milieux artistiques face au conservatisme ambiant l'a permis.

— Lui, comme toi et d'autres, vous aviez signé la manifeste de la minorité du conseil, pourquoi ?

— C'est aussi la divergence entre ton père et moi. Après les élections de la fin mars, le conseil s'est vite divisé entre majorité et minorité. La majorité, c'était les « jacobins », comme en 1793. Le « politique » doit avoir le pas sur le « social ». L'autorité doit être forte. Pour la minorité dont je faisais partie, nous voulions la République sociale, pas de

[55] Manifestation artistique de peinture et de sculpture du XIX ième, se déroulant à Paris, qui exposait les artistes « agrées » par l'Académie des Beaux-Arts.

pouvoir centralisateur et d'organe dictatorial. Quand le 28 avril, il a été émis l'idée d'élire un « Comité de salut public », je fus contre comme Courbet, comme Jules Vallès, comme Eugène Varlin, comme Victor Clément. Nous pensions que ce fameux comité serait de nouveau la dictature d'une poignée d'hommes sans le contrôle du conseil. Mais nous avons travaillé ensemble, il n'y eut pas de véritable division. Nous n'avions pas eu le temps que cela arrive.

– Continuons Lissa, notre travail se termine.

– Oui, tu as raison, assez de diversion. Durant plusieurs semaines, les arrestations se poursuivirent, des centaines tous les jours. On a eu une idée de ce que cela représentait comme conséquence, lors des élections complémentaires de juillet 1871. Il fallait revoter pour les postes vacants, intervenus depuis les élections de février. Pour Paris, ils étaient tous vacants ! Il y eut 100 000 électeurs de moins ! Les inscrits passèrent de 500 000 en mars 1871 à 400 000 quatre mois plus tard ! Les tués, les prisonniers, les émigrés, cela faisait 100 000 ! Qu'on imagine donc les conséquences sur les ateliers de la ville. On perdit la moitié des cordonniers, le tiers des ébénistes et des tailleurs, presque tous les couvreurs, plombiers, gantiers, et merciers disparurent. L'ameublement ne pouvait plus honorer les commandes. Les patrons demandèrent de libérer les ouvriers, on leur répondit qu'on enverrait des soldats pour les remplacer. Ce fut un désastre.

De nouveau la colère gronda contre les exactions et les arrestations. À Montmartre, à Belleville, des tirs partirent des maisons la nuit, sur les patrouilles de gendarmes à cheval. Les militaires se faisaient insulter. Versailles avait voulu « purger la vermine républicaine », elle avait « établis une mémoire républicaine ».

Thiers demanda aux capitales européennes de livrer les fugitifs, argumentant que les « nations civilisées » ne pouvaient couvrir les agissements de vols, de rapines, d'incendies et d'assassinats de ces individus. Il demandait aux ambassades et consulats de réclamer leur arrestation aux autorités compétentes et le gouvernement de Versailles obtiendrait leur extradition. Ce fut signé Jules Favre. Seules la Belgique et l'Espagne y répondirent favorablement. Les autres pays déclinèrent. Ils considéraient qu'il s'agissait d'une guerre civile, que les fédérés avaient été des soldats, et que ces hommes étaient des réfugiés politiques, La presse nationale se répandit d'injure contre ces pays.

Victor Hugo qui n'avait pas soutenu la Commune s'insurgea contre la décision du gouvernement belge. Il fut le seul homme politique et artiste français à considérer que les vaincus étaient des politiques et non des droits communs. Il s'engageait à accueillir les réfugiés de la Commune dans sa maison, à Bruxelles. Là aussi, la presse française cria au scandale et considéra que le grand homme était devenu fou et indigne de parler au nom de la France. Il était revenu en Belgique après la mort de son fils Charles[56], chez son second fils François. La conséquence en fut son expulsion par le Royaume de Belgique. Il alla se réfugier au Luxembourg.

On inventa ensuite de fausses nouvelles. On avait découvert des mines, de la poudre et des torpilles capables de faire sauter tout Paris, des comptes rendus des réunions du Comité montraient que l'on avait « recruté » 8 000 pétroleuses et incendiaires pour mettre le feu dans tous les arrondissements. On avait miné tous les égouts de Paris. Les anecdotes fleurissaient. On avait découvert au faubourg Saint-Germain, un squelette de pétroleuse, la pipe à la bouche, ses vêtements imbibés d'essence, et le journaliste écrivait que c'était certainement la pipe qui l'avait

[56] Il meurt à Bordeaux, le 13 mars 1871.

enflammée. Il ne racontait pas, par quel miracle, ses habits n'avaient pas brûlé. On parla ensuite des femmes chargées de jeter du vitriol aux visages des soldats. Puis on inventa les produits chimiques qui provoquaient la mort dans un rayon de plusieurs dizaines de mètres, puis les poisons que l'on avait injectés dans le tabac pour une mort rapide des versaillais.

La presse durant de longs mois fournissait tous les détails des atrocités des membres de la Commune, puis des conspirations que la Commune avait imaginées pour répandre la révolution dans les autres capitales, des œuvres d'art volées et envoyés par la Commune pour avoir de l'argent, des enfants qui suivaient une instruction militaire toute la journée. Une mode chassait l'autre, c'était la course à l'anecdote et à la mode du moment.

Enfin, suprême affront pour ceux qui s'étaient soulevés afin de ne pas accepter la défaite, l'armistice et l'annexion d'une partie du territoire Français, on nous accusait de collusion avec la Prusse. Une « correspondance secrète » fit la une des journaux. C'est Adolphe Assi, qui avait été en relation avec ton père Karl Marx, qui était le secrétaire particulier de Bismarck ! Les socialistes alliés aux Prussiens, cela faisait vendre les journaux.

Témoignage d'Adolphe Assi, Versailles, le 14 août 1871.

— *Il me juge au même moment que Courbet et par le même tribunal. Lieutenant dans la Garde Nationale durant le siège de Paris, je n'ai pas hésité un instant pour rejoindre la Commune. Élu commandant le 17 mars, le 18 je m'opposais à l'enlèvement des canons par la ligne, et le 19, j'étais nommé colonel. On m'a ensuite nommé gouverneur de l'Hôtel de Ville de Paris, et élu au conseil. En avril, dans la suspicion générale qui parcourait les rangs de la Commune, sous l'influence de Pyat, j'ai été arrêté pour le motif « d'avoir communiqué des documents secrets au gouvernement de Versailles ». Disculpé et relâché, j'ai participé aux combats. Fait prisonnier, me voici maintenant accusé par le gouvernement de Versailles de trahison, complot, rébellion et je ne sais plus quel autre motif. Je dois être l'un des seuls à avoir été condamné et par la Commune et par Versailles pour le même motif. Je serai certainement déporté, c'est la sentence en ce moment. Mon plus beau souvenir fut ma participation à la Commune du Creusot.*

En 1869, j'étais ouvrier, mécanicien ajusteur, dans les forges de Monsieur Scheider. Il avait organisé un référendum pour la gestion de la caisse de solidarité. La majorité s'étant prononcée pour une direction ouvrière, je fus élu par mes camarades, président du comité chargé de la gestion. Licenciés de suite par le patron, avec mes deux assesseurs, les ouvriers se sont tous mis en grève. Le 21 janvier, la troupe était là, des tirs ont été ordonnés, les ouvriers ont pris peur, la grève s'est arrêtée.

En mars, j'étais toujours dans la ville, secouru par quelques personnes pour le logement et la nourriture, et j'ai fait la connaissance d'Eugène Varlin. Il était de passage, et ensemble on a mis en place les débuts de la section de l'Internationale ouvrière dans la ville. Après, les évènements se sont précipités, la grève des mineurs a éclaté, des troupes sont arrivées de nouveau et ils ont occupé les usines et les fosses. Des arrestations ont eu lieu. Les femmes des mineurs se sont opposées aux soldats. Certains ont pactisé avec nous, comme Pierre Bourgeois que j'ai revu à Paris. La pression du patronat et du préfet fut tellement importante, que j'ai dû me cacher pour ne pas être au mieux prisonnier, au pire tué. D'autres grévistes ont eu de lourdes peines de prison, beaucoup ont été licenciés.

Je pense que ce mouvement dans les forges du Creusot a été le début d'une prise de conscience qui a abouti à la Commune de Paris.

– J'ai entendu dire que ces grèves avaient eu une grande influence dans le mouvement ouvrier de la France !

– Tu as raison, Tussy, une grande influence ! L'année suivante, à Lyon, les filatures se sont mises en grève. Partout, les républicains ont emporté des élections, et dans la ville du Creusot, en février 1871, Dumay, un compagnon d'Assi a été élu maire. En septembre 1870, Scheiner présidait le conseil législatif. Le peuple parisien avait envahi l'assemblée en criant : « À mort l'assassin du Creusot ! À mort l'exploiteur des ouvriers ! ». Il a dû s'enfuir. Ils l'ont poursuivi jusqu'à son hôtel particulier. Il s'est exilé en Angleterre. Le 24 mars 1871, une « Commune » du Creusot a vu le jour. Mais le préfet, le procureur général et le commandant militaire ont organisé rapidement la répression. Il faut dire que dès les premiers jours du mouvement à Paris, Thiers avait télégraphié aux préfets pour les alerter afin qu'ils prennent toutes les mesures nécessaires de répression si de tels mouvements apparaissaient dans leurs départements. L'armée a occupé rapidement la gare, le télégraphe et la poste. La ville était quadrillée. Une manifestation d'ouvriers a éclaté, mais il était trop tard, les républicains ont dû s'exiler, le préfet avait gagné. En juin 1871, un procès s'est déroulé là aussi, 22 ouvriers furent accusés d'insurrection, Dumay en fuite a été condamné par contumace aux travaux forcés, d'autres à la déportation. Il n'y a pas qu'à Versailles, où se sont déroulés des procès.

– Dois-je faire figurer cela dans ton livre ?

– Oui, je n'ai pas pu tout dire dans mon premier livre. Mais je voulais plus tard écrire un témoignage plus important et plus complet sur l'histoire de la Commune. Je voulais surtout publier rapidement un témoignage sur la répression et le faire paraître. Dans les années qui suivirent, les journalistes ont inventé beaucoup de mensonges sur les membres influents de la Commune, surtout ceux qui sont morts, ils ne pouvaient plus les contredire. Ils étaient des voleurs, des capteurs d'héritage, des violeurs, des ivrognes. Ils avaient dérobé l'argenterie des ministères et vidé les caves des palais. Les revues illustrées reproduisirent en grande quantité les scènes de barricades ou d'incendie.

Cependant, au fil des instructions et des enquêtes officielles, certains actes d'accusation tombèrent, pas de détonateurs ni de torpilles dans les catacombes, pas de régiment de pétroleuse avec des ordres et des consignes précises. On retrouva les lingots d'or de la Banque de France et l'argenterie des ministères. Ce fut les journaux de la province qui défendirent en premier, la mémoire et les personnes du mouvement.

À l'étranger, des réunions eurent lieu, pour protester contre les massacres des versaillais et les exécutions. On accusait le gouvernement de Thiers de n'avoir aucune pitié et d'avoir tué des femmes et des enfants. À Londres, Leipzig, Madrid, Bruxelles, Zurich, partout on manifestait contre la férocité de Thiers et de son gouvernement. La

France apparaissait et continue de nos jours à paraître comme un pays barbare.

Thiers et ses sbires ont outragé l'humanité !

Témoignage de Tussy Marx, Carlsbad, 25 septembre 1873.

Je vais mieux. Ce séjour avec mon père m'a fait du bien, peut être sa présence, mais aussi le climat. Le changement d'air, loin de la grisaille et de l'humidité de Londres. Il me parle sans cesse de Lissa, me disant qu'il faut ne plus le voir, ne plus le fréquentait. Pourtant j'ai dit à Mohr qu'il était mon rayon de soleil et mon soutien. Il venait me voir lorsque je dépérissais dans ce logement londonien.

C'est mon médecin qui m'a dit d'aller faire ce séjour dans les eaux thermales. Mon père avait besoin aussi de soigner son foie. Nous sommes alors partis ensemble pour ce séjour. Durant le séjour, j'allais déjà mieux. J'avais retrouvé mon appétit. Lors de cette cure, Mohr s'est fâché avec Louis Kugelmann[57]. Il faisait un séjour dans la même cité thermale avec son épouse. Je n'ai pas compris les véritables raisons de cette brouille. Mohr m'a dit qu'il ne supportait plus les disputes du couple. Je suis persuadé que cette explication cache des raisons plus profondes. Elles sont certainement politiques, leurs différences sont

[57] Louis Kugelmann fonde avec d'autres, le S.P.D. en 1875.

maintenant importantes sur la façon de concevoir le pouvoir. Kugelmann en tant que socialiste allemand avait pourtant beaucoup aidé mon père à propager ces idées dans son pays natal, en dépit de la censure que le pouvoir exerçait sur ses œuvres.

Lors de la parution de la première partie de son œuvre « Le Capital », mon père lui avait écrit pour le remercier de son aide. Kugelmann est un médecin connu et respecté. C'est lui aussi qui a aidé mon père et notre ami Engels à faire exclure Bakounine[58] de l'Association Internationale des Travailleurs. Mais contrairement à eux, il pensait que la rupture serait dommageable à la cause ouvrière. C'est pour cette raison que les relations sont devenues difficiles entre les deux hommes, Mohr ne supporte pas la contradiction. Et puis, je sais que Kugelmann défend une position réformiste de la social-démocratie, et non révolutionnaire. Il pense qu'il faut éduquer, organiser, améliorer le sort des prolétaires. Mon père lui défend l'importance de l'action révolutionnaire des masses qui conduira à la victoire du socialisme sur le capitalisme.

[58] Mikhaïl Bakounine, fondateur des théories sur le socialisme libertaire, opposant historique de Karl Marx, et du socialisme autoritaire.

Pauvre Mohr, il ne supporte pas que des socialistes, comme Lissa, puissent le contredire. Il pense détenir la vérité.

C'est pour cela qu'il a accepté ses deux premiers gendres, Charles Longuet marié avec Jenny et Paul Lafargue marié avec Laura. Malgré les reproches qu'il leur adresse sur certaines de leurs opinions[59], ceux-ci l'admirent et parlent souvent de lui autour d'eux. Mohr aime être le centre de l'attention.

Je continue à annoncer que Lissa et moi sommes fiancés. Je parle aussi à qui veut l'entendre de son travail d'historien de la Commune de Paris. Mon père ne dit mot, mais je ressens son opposition à notre liaison. Pourquoi ? Parce qu'il n'accepte pas ses idées parfois éloignées du socialisme révolutionnaire ? Ou parce qu'il ne veut pas que je sois fiancée et bientôt mariée[60] ? Ou bien les deux ?

[59] Marx écrivit à Engels dans une lettre en 1882 : « Longuet se conduit comme le dernier des proudhoniens et Lafargue comme le dernier des bakouninistes. Que le diable les emporte, ces oracles patentés du socialisme scientifique ».

[60] Il semble bien que cela soit dû à des divergences politiques profondes.

Souvenirs de Lissagaray, Bruxelles, 25 rue Royale, mai 1876.

Cinq ans déjà ! Je viens de terminer mon « Histoire de la Commune ». Je suis chez mon éditeur. J'ai complété abondamment mon premier livre sur les événements. Il s'agissait à l'époque, d'un témoignage, là il s'agit de l'Histoire. Et puis durant ces années, j'ai pu rassembler de nouveaux témoignages, de nouveaux documents.

Cet éditeur Henry Kistemaeckers[61] est celui des anciens de la Commune qui, comme moi, n'ont pas pu trouver de maison d'édition en France. Si je ne l'avais pas rencontré en Angleterre, lui qui n'hésite pas à braver les interdits dans son pays, je n'en aurai pas trouvé.

Benoit Malon, François Jourde, Arthur Arnoult, Arthur Ranc, Charles Belay[62], tous m'ont vanté son honnêteté et ses mérites. Il a démarré avec une petite librairie dans Bruxelles et la maison d'édition qu'il a fondée, commence à avoir beaucoup de prestige.

[61] Il édita aussi Guy de Maupassant. En 1903 devant l'acharnement de la justice belge, il doit se réfugier en France.
[62] Anciens communards ayant écrit sur la commune.

– Bonjour, Monsieur Lissagaray, j'ai lu avec intérêt votre livre. La première édition sera prête dans deux à trois semaines. Je souhaitai vous voir de nouveau pour échanger sur les derniers chapitres. J'avais lu avec attention votre livre, « Les huit journées de mai derrière les barricades ». Avec cette « Histoire de la Commune », c'est plus qu'un témoignage, c'est un travail d'historien.

– Oui, je voulais ajouter tous les nouveaux témoignages recueillis et les faits décrits dans les documents auxquels j'ai eu accès depuis.

– Décrivez-moi les éléments les plus importants à vos yeux que vous avez complétés dans ce livre.

– Je dis que les plus grands massacres eurent lieu après la bataille. Le dimanche matin, le 28 mai, des files de personnes arrêtées au Père-Lachaise furent conduites à la prison de la Roquette. On leur indiquait la file de droite ou la file de gauche. Personne ne peut dire sous quel motif. Ceux de la file de gauche, quelle ironie, étaient alignés devant le mur et fusillés. On a dénombré 1 990 personnes mortes pour cette seule prison. Les mêmes scènes se répétèrent dans les autres prisons et dans les parcs de la capitale. Des cours prévôtales furent constituées. On fixa le nombre, la juridiction, et les limites. Une des plus célèbres et des plus sanglantes était établie au Châtelet. Un colonel de l'armée Louis Vabre la présidait. Les déclarés coupables, c'est-à-dire presque tous étaient conduits à la caserne Lobeau, et fusillés par des gendarmes.

C'est là que le journaliste Édouard Moreau a été assassiné. Les mêmes jugements arbitraires sans aucune défense furent prononcés par d'autres tribunaux. Parfois je pense que ceux qui sont morts de suite dans les heures et les jours qui suivirent cette semaine furent plus heureux que ceux qui furent conduits à Versailles.

— Oui, j'ai lu les derniers chapitres !

— Monsieur Kistemaeckers, j'y ai décrit les convois de prisonniers et ce qu'ils ont subi durant le voyage, la prison et la déportation. Mais je n'ai pas tout écrit, on dirait que je mens, que j'invente. Je n'écris que, ce que je peux justifier par des preuves ou des témoignages.

Pour le voyage, leur calvaire fut immense. Ils étaient attachés ensemble. S'ils refusaient de marcher, ils étaient fusillés sur place ou attachés à la queue d'un cheval. On les forçait à s'agenouiller devant chaque église devant laquelle le convoi passe. Les exécutions sommaires étaient nombreuses, pour des motifs divers et ahurissants. Le correspondant du Daily News m'a décrit ceux-ci. Il ne fallait pas être ni trop grands, ni trop petit, ni trop vieux, ni trop jeune, ni trop barbus, ni pas assez, ni plus laid, ni plus beau que son voisin. Quant aux captifs qui tombaient ivres de fatigue, on les abattait d'une balle de revolver.

Arrivés à Versailles, la foule les attendait. On les promenait dans la ville, puis lassé de tant et de tant de convois, on les faisait stationner des heures, des jours durant à la même place. Puis on les emmenait dans les dépôts, les Grandes Écuries, l'Orangerie dans le château de Versailles, les docks du camp militaire de Satory et les manèges de l'École de Saint-Cyr. Pas de paille, peu d'eau et presque pas de nourriture. Les décès furent nombreux, maladies, blessures non soignées, faim, soif, fièvres. Les familles, les parents, les épouses, les enfants se pressaient aux grilles, avec de la nourriture et des vêtements, on les renvoyait après avoir confisqué ce qu'ils avaient apporté. Les femmes étaient considérées comme des putains que l'on pouvait abattre à la moindre occasion. Les camps devinrent l'excursion favorite des bourgeois de Versailles, le dimanche après la messe. On allait voir ces sauvages de communards, comme on pouvait aller à la ménagerie du Jardin des Plantes[63], voir les animaux sauvages. Encore que ceux-ci étaient mieux traités. Beaucoup de prisonniers devinrent fous, et essayèrent de se tuer. La vermine qui s'était installée rendait l'odeur pestilentielle, on commençait à craindre pour les épidémies, après Paris, c'eut été Versailles.

J'ai décrit les pontons en nombre qui existaient dans tous les ports de France. Je peux maintenant citer le chiffre de détenus, 28 000 au total. Des tortures se pratiquaient, mais tout dépendait du capitaine du navire. À Brest, on n'avait pas le droit d'insulter les prisonniers, à Cherbourg, on tirait sur les prisonniers qui se plaignaient. Inutile de vous décrire les viols des femmes, par les gardiens et parfois sous le regard du mari, enfermé dans une geôle voisine que seules

[63] Fondé en 1794, il est l'un des plus anciens au monde.

des grilles séparaient. Les enfants n'étaient pas soumis à une meilleure détention. Des gosses mouraient dans les prisons, car on les avait aussi arrêtés, soit surpris en train d'apporter des vivres ou des munitions aux insurgés, soit simplement parce qu'ils étaient avec leurs mères quand celles-ci avaient été arrêtées.

Mais on commençait à se poser une question, comment juger 48 000 prisonniers détenus dans les prisons et sur les pontons ?

– *Ils m'ont surpris à mon domicile, le 25 mai. Comment peuvent-ils emprisonner des élus du peuple ? Car nous avons été élus et de façon démocratique. Je fus l'un de ceux qui avaient insisté pour que notre mouvement du 18 mars fût légal, voulu et adopté par les électeurs parisiens. Nous n'avons pas volé le pouvoir, nous n'avons pas dérobé des fonctions et des postes, nous avons toujours organisé les votes. Même que cela avait souvent son revers, certains imbéciles ou escrocs en ont profité. Comment peuvent-ils nous juger ?*

C'est le peuple qui pourrait nous juger, ceux-là mêmes qui nous ont élus, pas des militaires sans pouvoir de justice. Il y eut avec notre mouvement quelques dramatiques affaires, je ne le nie pas, mais pas à ce point. Tous ou l'immense majorité ont été jugés avec les règles que la justice de notre pays offre. Aucun n'a été maltraité dans une prison ou n'a eu à subir des violences. Même les militaires arrêtés lors des journées de mars, ont été libérés de leur prison, après avoir donné leurs paroles de ne pas rejoindre les rangs Versaillais. Ils pouvaient se promener, habiter où bon leur semblait, sans être inquiétés par qui que ce soit ! Mais eux que font-ils ? Ils pénètrent sans autorisation dans les domiciles, se saisissent de qui ils veulent, les enlèvent sans motifs, les emprisonnent sans cause, les jugent sans défense et sans preuve, puis les tuent sans recours, sans pitié, sans humanité.

Ce sont des barbares, pires que les soldats prussiens qui ne faisaient qu'obéir aux ordres. Mais eux, de qui ont-ils les ordres ? De Thiers, ce traître à la patrie ! Des membres de son gouvernement qui ont tous accepté de vendre la France ? De l'assemblée rurale élue qui ne veut faire que le retour de la paix, moyennant l'abandon d'une partie de notre territoire ?

Ils m'ont conduit au Châtelet, à travers les grilles, j'ai aperçu une dernière fois mon épouse. Heureusement, ils ne l'ont pas emmenée ! Le jugement, il n'y en a pas eu, enfin il y a eu une parodie de jugement. Coupable ! La mort ! Ils me conduisent à la caserne Lobeau. Je sais que l'on y tue les condamnés. J'ai de nouveau vu ma femme, elle m'a suivi jusqu'à l'enceinte de cette prison. Ils me collent au mur. Le sol est jonché de cadavres, le sang ruisselle sur les pavés et s'écoule doucement par-delà la porte d'entrée de cet abattoir. Elle va entendre les coups de feu de leurs chassepots. Elle comprendra, elle est mon dernier regret sur cette terre. Pour le reste, avec ces gens-là, mieux vaut ne pas vivre, et mourir avec ceux avec qui j'ai partagé un bel idéal.

Souvenirs de Lissagaray, Bruxelles, 25 rue Royale, mai 1876.

– On le décrivait comme l'âme du mouvement !

– C'est vrai, Édouard Moreau de Bauvière, car c'est son vrai nom, sa mère, Alexandrine, descendait de la noblesse. C'est lui qui nous a tous convaincus d'élire le comité. Il nous disait qu'il fallait une base légale au mouvement, ainsi nous serions intouchables. Il s'est trompé !

– Vous parliez des 48 000 prisonniers à juger !

– Oui, fin juillet, à peine 3 000 avaient été jugés, pourtant les procès étaient courts. Thiers pensa alors et inventa la représentation judiciaire, comme on organise une représentation théâtrale ! Cela devait servir de modèle. On refusa aux accusés la reconnaissance de politiques, ainsi on niait le rôle d'opposants. Ils étaient des droits communs. Comme cela, la peine de mort devenait possible, alors qu'elle avait été abolie pour les crimes politiques depuis 1848. Le 7 août 1871, dans une salle où 2 000 personnes pouvaient prendre place, on commença le spectacle. Au-devant de la scène, les personnages de haut rang étaient assis dans des fauteuils de velours rouge. Les députés venaient juste derrière, puis les familles bourgeoises de la ville en grande tenue. Les dames portaient leurs plus belles robes et l'on papotait en attendant le lever de rideau. Les journalistes étaient présents en nombre au balcon. On conduisait les dames à leurs places, elles faisaient de belles révérences aux officiers en grande tenue. C'était aussi une occasion à ne pas manquer pour les mères qui voulaient marier leurs filles aux militaires qui avaient fait leurs preuves de bravoure, en commandant les pelotons.

L'excitation fut à son comble quand apparurent les 17 premiers accusés, Théophile Ferré, Adolphe Assi, François Jourde, Pascal Grousset, Dominique Régère, Alfred Billioray, Gustave Courbet, Raoul Urbain, Victor Clément, Alexis Trinquet, Henri Champy, Paul Rastoul, Augustin Verdure, Guy Décamps, Pierre Ulysse, Paul Ferrat, Charles Lullier, tous membres du conseil. On les jugeait pour assassinat des généraux Lecomte et Clément-Thomas, pour incendies, pour attentats. On les assimilait aux chauffeurs[64] de la grande truanderie. Ils se défendirent comme ils purent, la plupart acceptant leur sort, pour quelques-uns essayant de sauver leurs têtes.

---

[64] Désigne au XIX siècle, les bandes de criminels qui « chauffaient » les pieds de leurs victimes, pour qu'ils avouent où ils avaient caché leur argent.

– Comment ?

– Lullier se vanta d'avoir trahi la Commune. Les autres revendiquèrent l'honneur d'avoir servi la Commune. Il y eut plusieurs jours de représentations, dix-sept au total, puis vint la dernière, celle du réquisitoire. L'avocat général, le comandant Gaveau précisa qu'il était inutile de perdre trop son temps, ils étaient tous coupables, et il égrena les crimes de chacun ! On applaudissait à tout rompre dans la salle, à chaque mot c'était le triomphe.

Le 2 septembre, le dernier acte était scellé, Ferré et Lullier à mort, Trinquet et urbain aux travaux forcés à perpétuité, Assi, Billioray, Champy, Régère, Grousset, Verdure, Ferrat à la déportation dans une enceinte fortifiée, Rastoul et Jourde à la déportation simple, Courbet à six mois de prison, Clément à trois mois, Decamps, Ulysse et Parent étaient acquittés. Les jurés militaires avaient été plus cléments que l'accusateur public, l'avocat général, et la foule. On se retira fort contrarié de n'avoir obtenu que deux condamnations à mort, c'était trop peu. La représentation théâtrale ne fut pas à la hauteur des espérances de son metteur en scène, Monsieur Thiers. Les autres tribunaux militaires, 26 au total, jouèrent leurs pièces en huis clos.

Durant des mois, 1 500 officiers supérieurs furent les présidents, juges et commissaires.

– Le commandant Gaveau, président du tribunal, fut bien interné dans un asile de fou quelques années plus tard ?

– Oui, déclaré fou à lier ! Ensuite, Thiers fit nommer une commission des grâces, avec des membres dont il était persuadé de leur intransigeance. Certains journaux et des parlementaires peu suspects de sympathie pour les accusés la dénommèrent « la commission des assassins ». C'est elle qui fit tuer Gaston Crémieux pour sa participation à la Commune de Marseille. Sa modération, sa défense, son attitude avaient rendu sa condamnation à mort difficile, mais ils n'eurent pas de pitié.

Témoignage de Gaston Crémieux, Marseille, palais du Pharo, 30 novembre 1871.

– *J'ai refusé le bandeau et le prêtre. Je veux commander moi-même mon exécution, et je n'ai rien à me reprocher. Avocat, j'ai toujours défendu les pauvres et participé à des associations d'entraide aux déshérités. J'ai toujours pensé que seule, l'éducation permettait de s'émanciper de la misère. Je cite souvent la phrase de Monsieur Hugo que j'ai eu le plaisir de rencontrer à Bordeaux, son fils Charles était l'un de mes amis, « ouvrez des écoles, vous fermerez des prisons ». Mon soutien à Garibaldi pour les élections de février 1871, m'a apporté la vindicte des royalistes et la haine de Thiers. Après la proclamation de la Commune de Paris, nous avons avec des amis, proclamé la Commune de Marseille. J'ai respecté et fait respecter la légalité et la tolérance, hors de question de se comporter comme les ultras de la Royauté. Nous avons voulu une politique régionale, indépendante des ordres de Paris, tout en respectant l'intégrité de la Nation. La répression fut sanglante. Notre mouvement de liberté a duré quinze jours. Le général Espivent, à la tête de la répression, nous a trompés. J'ai voulu négocier avec lui, il a fait mine de battre en retraite, puis nous a bombardés à partir de Notre-Dame de la Garde[65]. Écrasée par les obus, vaincus par le nombre, la capitulation fut rapide. Couvre-feux, arrestations, fusillades, ce fut les journées tragiques des semaines suivantes. Bien sûr, je suis condamné à mort, je n'en attendais pas moins. Durant les quelques mois d'attente avant mon exécution, j'ai écrit une pièce de théâtre à la mémoire de Robespierre, cela m'a permis de tenir, de ne pas devenir fou, et m'a tranquillisé. Ils m'ont sorti ce matin de la prison du fort Saint-Nicolas pour me conduire dans ce champ de tir du palais du Pharo[66]. J'aurai au moins la chance de mourir dans un bel endroit. J'ai écrit à ma femme et à mon fils aîné Albert, qui devra veiller sur son frère et sa sœur.*

« Visez à la poitrine, ne frappez pas la tête, vive la repu... »

---

[65] Surnommée alors Notre Dame de la Bombarde.
[66] La construction est décidée par Napoléon III pour sa femme, il n'est pas à l'époque, encore terminé.

Souvenirs de Lissagaray, Bruxelles, 25 rue Royale, mai 1876.

– On dit que Thiers voulait gracier Crémieux.

– Monsieur Kistemaeckers, son dossier a traîné sur son bureau durant des jours, mais il a cédé au général Espivent. Sa mort a provoqué une grande émotion, y compris à la Chambre des députés. Il est mort avant de terminer le dernier mot qu'il voulait prononce, le mot « République ». Comme dans le camp de Satory après les exécutions, il y eut un défilé et de la musique militaire. On profita aussi pour témoigner sur des massacres inventés et pour condamner à mort le colonel Sérizier et le lieutenant Bouin de la Garde Nationale. Eux, ils conduisaient des religieux dominicains de la prison de Bicêtre sur Paris, nous étions le 25 mai. Ils arrivèrent rue du Château des Rentiers, prirent la direction de l'avenue d'Italie. Le 101ᵉ régiment de ligne se trouvait tout près. Les soldats tiraient contre la barricade établie non loin. Les religieux tombèrent sous leurs feux et non sous les tirs de la Commune. Les deux fédérés furent condamnés sous le seul témoignage d'un homme qui déclara à la barre : « *je n'affirme rien par moi-même, j'ai ouï dire[67]* ». On en profita aussi pour condamner Walery Wroblewski[68] pour le même motif par contumace, mais qui, au même moment, se trouvait sur les barricades des Buttes aux Cailles, à deux kilomètres de l'endroit. Évidemment, tous les journaux s'emparèrent de cette affaire, et cela reste encore de nos jours, le « massacre des pères dominicains par les communards ». Dans les affaires de la rue Haxo et de la rue des Rosiers, ce fut pareil, on présenta des témoins, qui avaient « *ouï dire que ... * ».

Attention, je ne veux pas dire que ces pauvres personnes ne furent pas fusillées par des gardes en colère sous les acclamations de la foule. Je veux simplement préciser que l'on jugea des responsables du mouvement qui soit, s'y étaient opposé, soit, n'étaient pas présents. On ne voulait pas des vrais coupables, de toute façon, c'était des anonymes. Non, il fallait en profiter pour juger et tuer les dirigeants, les responsables, les élus et les officiers du mouvement. On fusillait de prétendus coupables sur des « *ouï-dire* ». On alla même condamner à mort ceux qui avaient défendu des personnes fusillées sans raison par la Commune. Comme le capitaine Beaufort, qu'on avait confondu avec le Comte de Beaufort, qui fut fusillé au

---

[67] Voir les minutes du procès.
[68] Général de la commune, il se réfugie à Londres

début de la semaine sanglante. La cantinière Lachaise, qui avait voulu s'opposer à sa mort, fut condamnée à mort pour avoir été l'instigatrice. Elle l'avait reconnu, mais ne voulait pas de vengeance pour l'altercation qu'il avait eue avec un garde de son bataillon. Un témoin qui ne s'était pas présenté au procès avait déclaré avoir vu cette pauvre femme profaner le mort.

En province aussi, les tribunaux militaires ne furent pas tendres avec les accusés des Communes de France. Parfois, on était condamné pour avoir crié « Vive Paris » ou avoir porté un drapeau rouge. Des dizaines de milliers de personnes en prison, on en condamna près de la moitié, les autres furent libérés. C'était des arrestations arbitraires par dénonciation ou par connaissance des opinions politiques.

– Parlez-moi des déportés !

Témoignage d'Henri Rochefort, La Rochelle, bateau « Le Virginie », 8 août 1873.

Je pourrai échanger avec ma compagne d'infortune sur ce bateau de déportation, Louise Michel. Elle m'a reconnu de suite, je ne la connaissais que de nom, nous nous sommes présentés.

— Rochefort, Henri Rochefort[69], je croyais que vous seriez gracié !

— Non, refusé ! Pourtant Hugo a essayé comme pour vous, j'ai correspondu avec lui.

— Où étiez-vous détenu ?

— Fort Boyard dans un premier temps, puis sur l'île de Ré, grâce à la protection de mes amis francs-maçons. Heureusement, j'ai échappé au bagne de l'île de Nou, de la Nouvelle-Calédonie. Je serai enfermé dans l'enceinte fortifiée de la presqu'île Ducros, et vous ?

— Déportation simple, l'île des Pins. Mais nous pourrions correspondre, nous écrire. J'aimerais que vous puissiez donner votre avis sincère sur mes poèmes[70].

---

[69] Auteur, journaliste, homme politique français.

[70] Ils échangèrent des poésies durant le voyage. Louise Michel sera détenue 7 ans, jusqu'en juin 1880, date de l'amnistie des communards.

Cette institutrice, madone de la Révolution et de la Commune est aussi une poétesse, et cela fait partie de son charme. Arrivé sur place, je devrais m'installer à l'écart, essayant de loger dans la même case que mes amis Pascal Grousset et Olivier Pain. Nous pourrons ainsi préparer tranquillement notre évasion. Les plans ont été conçus avec l'appui des francs-maçons australiens qui doivent nous aider pour la logistique. Il nous faudra du temps, mais on en a à revendre[71].

---

[71] Durant la nuit du 19 mars 1874, il prend place sur un canot avec cinq autres détenus, pour rejoindre un bateau britannique qui ira accoster en Australie.

Témoignage de Nathalie Lemel, Nouvelle-Calédonie, île Ducos, 14 décembre 1873.

Nous avons fait connaissance durant le voyage. Rochefort nous a présenté toutes les deux, Louise Michel et moi, Nathalie Lemel. Que de chemin parcouru depuis ma ville natale de Brest. Je me suis mariée en 45, j'ai exercé le métier de relieuse de livre, je me suis installée à Quimper, puis à Paris. J'ai quitté mon mari, deux ou trois ans avant la guerre. C'est à Paris que je suis devenue une militante socialiste avec mes camarades imprimeurs et relieurs. C'est durant ces années que j'ai connu Eugène Varlin. J'ai ensuite organisé des grèves, me suis battue pour l'obtention du même salaire entre les femmes et les hommes. Dans l'atelier, je lisais à haute voix pour mes compagnes, les journaux socialistes. Ensuite, comme je n'avais plus la contrainte de m'occuper de mon mari ivrogne, j'ai eu du temps pour organiser la coopérative alimentaire ouvrière « La ménagère », et après « La marmite » un restaurant pour les ouvriers. Des milliers de camarades venaient y manger dans ces établissements que nous avions ouverts avec Varlin. Lors du début de l'insurrection en mars 1871, j'ai voulu rapidement créer une association pour les soins aux blessés. J'ai côtoyé tous mes amis, Vallès, Delescluze, Rigault, Flourens, et tant d'autres, mais bizarrement je ne connaissais pas Louise. Lors du début de la semaine sanglante, je me trouvais avec mes compagnes sur la barricade de Pigalle. Je faisais le coup de feu et je soignais les blessées.

Après, ils m'ont condamnée à la déportation en enceinte fortifiée. J'ai refusé la grâce que mes amis ont demandée. Je me trouve maintenant dans le port de Nouméa. Louise et moi ne voulons pas être séparées. Nous ne voulons pas non plus être séparées des hommes, des compagnons, des camarades qui sont sur le bateau.

Nous avons débarqué ce jour, le 14 décembre dans ce lieu perdu, sur cette presqu'île. Nous partageons maintenant avec Louise la même cabane.

Souvenirs de Lissagaray, Bruxelles, 25 rue Royale, mai 1876.

– J'y arrive, Monsieur Kistemaeckers. Le bateau « La Danaé » ouvrit le bal le 3 mai 1872. Il fut suivi par beaucoup d'autres. Des milliers de déportés prirent le chemin des camps de la Nouvelle-Calédonie. Pourquoi avoir choisi cet archipel d'îles du bout du monde ? Certainement parce que justement, c'était le bout du monde. Quatre à cinq mois de navigation, un territoire avec un climat ne demandant pas de baraquement, une administration pénitentiaire existante avec le bagne du Brou, et enfin on pensait que les évasions étaient impossibles. Les îles étaient entourées de requins et on imaginait que les autochtones étaient des cannibales. Il est vrai qu'une seule évasion en huit ans eut lieu, celle de Rochefort et de ses amis. La vraie raison de la presque impossibilité de l'évasion ne tenait pas des causes des requins ou des cannibales qui n'existaient que dans l'imagination des administrateurs de la métropole, mais bien des primes de capture que les fonctionnaires locaux offraient pour la reprise des évadés, car il y eut beaucoup de tentatives. Elle provoqua des morts. Le docteur Paul Rastoul est certainement décédé l'année dernière. Il a construit, avec 20 autres compagnons, une embarcation qui a pris la mer. On n'a trouvé que des débris et pas de trace des personnes.

Sur ces dernières années, on estime que près de 5 000 personnes[72] ont été débarquées. On a rempli des navires à voile, ainsi pas d'escale. Des centaines de personnes pour chaque bateau, qu'on a parqué dans des cages sur les ponts. Si l'on sait cela maintenant, c'est grâce aux déclarations et aux écrits de Rochefort et de ses compagnons. On peut dire maintenant que Louis XI ne fut pas le seul à enfermer ses ennemis dans des cages, Thiers aussi.

– Décrivez-moi les différents lieux de détention !

– D'abord l'île aux Pins, une semi-liberté sur un bout de terre, mais quelle liberté ? Celle de survivre et de ne rien faire, à part allumer le feu pour cuire des aliments et parfois mourir d'ennui, surtout les jeunes, le cimetière de l'île en est rempli[73]. Puis l'enceinte fortifiée de la presqu'île Ducos, un poste de garde est installé sur la bande de terre qui la sépare du reste. Une terre aride, sans rien, des conditions de

---

[72] On sait exactement de nos jours 4253 personnes.
[73] Les déportés avaient de 15 à 60 ans, sur les tombes on peut lire : le nom suivi de 16 ans, 17 ans, 19 ans, etc.

vie déplorable, cela facilite les décès. Puis le bagne, j'ai moins de renseignements sur les conditions de vie, juste des brides de détails de cette île de Nou. C'est là qu'on envoyait les communards condamnés aux travaux forcés rejoindre les condamnés de droit commun déjà détenus. Quelques centaines de personnes souffrent dans cet endroit infect. Le travail est obligatoire pour les détenus de la Commune comme pour les droits communs. Ils sont enchaînés ensemble, mangent ensemble, dorment ensemble et meurent ensemble, avec les chaînes qui les entravent.

Édouard Manet, l'évasion de Rochefort, 1881.

On ne peut pas évoquer ces prisons à ciel ouvert sans parler des gardiens. Ce sont des individus violents, prêts à faire feu sur quiconque, et pour n'importe quel prétexte. Rochefort a dit que des condamnés ont été blessés par balle, en s'approchant trop près d'eux.

Les derniers faits que je peux citer dans le livre sont d'une part la suppression des crédits alloués par le ministère pour les outils permettant un travail, notamment pour fabriquer des meubles par les prisonniers de l'île aux Pins, et le voyage des épouses et des enfants qui le souhaitaient, dans cet archipel pour rejoindre leur conjoint et leur père.

– Comment peuvent-ils survivre ?

– Grousset qui s'est échappé avec Rochefort parle des gens qui sont devenus fous de désespoir. Un instituteur Verdure voulait ouvrir une école, on lui refusa. Il est mort en 1873 loin des siens et de désespoir. Albert Grandier, le rédacteur en chef du Rappel[74] est mort fou. Tous les jours il se rendait à la plage en guettant sa famille, et y restait toute la journée.

Et puis les exécutions, en janvier 1874, quatre condamnés ont été fusillés pour avoir malmené l'un des leurs qu'ils accusaient de malversations. Des tortures ont été

[74] Journal fondé par Victor Hugo et Rochefort, en mars 1871, il se déclare pour la commune. Les journalistes sont tous arrêtés et déportés.

pratiquées. Nous savons cela par les seuls déportés qui ont réussi à fuir. Ils nous ont appris ces horreurs.

– On peut extraire des pierres, mais on doit garder sa dignité. Je me souviens de ce 22 mai 1871. Jules Vallès était venu me rejoindre sur la barricade de la porte de Versailles.

– Maxime Lisbonne ! Toi le d'Artagnan de la Commune, nous allons combattre ensemble !

Il m'appelait toujours ainsi, le « d'Artagnan ». Il est vrai que ma tenue poussait à ce surnom. Avant d'être un officier de la Garde Nationale, j'étais avant tout un saltimbanque, mais un saltimbanque républicain, cela va de soi. Alors ma tenue, costume de zouave, écharpe rouge et chapeau noir à plume rouge, c'était conforme. Au moins je n'étais pas confondu avec d'autres.

Une balle versaillaise, la furieuse, m'a traversé la jambe, place de la République, et me l'a broyée. Mais je ne me plains pas, elle aurait pu m'attendre rue Royale. Je marche depuis avec une béquille. Je crois être le seul à avoir été condamné à mort deux fois, lors de deux procès différents à deux dates différentes. J'ai reconnu tous les faits, mais pas le pillage. Puis, je ne sais pourquoi, ils ont commué la peine au bagne à perpétuité. Fin de l'année 1872, j'ai embarqué avec mon amie de toujours, Louise Michel.

Après sur l'île de Nou, j'ai été classé parmi les « incorrigibles », cela signifier qu'il fallait me surveiller de près. Mais je survis, c'est peut-être grâce à ma bonne humeur. Je porte le numéro 4589, voilà à quoi il me réduit. Si jamais, j'en sors vivant de cet enfer, j'écrirai mes souvenirs[75], pour décrire ces années de torture. C'est ici, au milieu de nulle part, que j'ai le mieux compris combien notre mouvement était juste et grand. Je n'ai pas de sentiments de haine. Bien sûr je ne pourrai pas pardonner et je n'oublierai pas, je le jure !

Nos ennemis, enfin ceux de la République, doivent prendre garde. Tous les damnés de la terre ne renonceront jamais à elle. Nous avons été vaincus, mais ils devront rendre compte de leurs crimes devant le tribunal de l'Histoire. Moi, le premier je serai leur juge[76].

---

[75] « Maxime Lisbonne, Forçat de la Commune »

[76] Lors de son retour en France en 1880, il devint journaliste, directeur de cabarets, notamment du célèbre « Divan japonais », où il racontait son séjour au bagne et présentait la commune, ses actions, et la répression qui suivit.

Souvenirs de Lissagaray, Bruxelles, 25 rue Royale, mai 1876.

– On a dit que lors de son arrestation au Père-Lachaise, il se cachait parmi les morts. Un officier donna des coups de botte dans sa jambe blessée pour le faire crier.

– Oui, c'est vrai.

– Savez-vous pourquoi toutes ces exactions n'ont pas diminué après la démission d'Adolphe Thiers[77] en mai 1873. On aurait pu penser que...

– Ce fut pareil, Monsieur Kistemaeckers. N'oubliez pas que Mac Mahon lui succéda comme président de la République, il avait été le chef de l'armée de Versailles. Il y eut même une recrudescence de condamnations. Il avait nommé le Duc de Broglie qui a toujours le projet de restaurer la monarchie. Celui-ci après la seule évasion réussit, envoya le contre-amiral Ribourt, qui provoqua le renvoi du gouverneur La Richerie, et la nomination du colonel Alleyron, qui s'était distingué durant la semaine

---

[77] Mis en minorité par les royalistes, perdant certaines élections, il démissionna, pensant qu'on le rappellerait très vite. Mais Mac-Mahon, le général, attendait son heure et prit la place de Président rapidement avec l'appui des ultras.

sanglante par ses massacres. D'autres gouverneurs suivirent, tous se montrèrent impitoyables. Car, avec Mac-Mahon, les royalistes ont de beaux jours devant eux. On a déclaré Versailles, capitale de la France[78]. L'amnistie, demandée par certains députés, a été refusée. Le clergé a fustigé les enterrements civils et a fait voter par l'assemblée la construction de la basilique du Sacré-Cœur de Montmartre. Elle devra dominer Paris[79]. On a ouvert des dossiers de justice et on a condamné plus lourdement, comme la mort pour Arthur Ranc, devenu député de Lyon. Des déportés, maintenus en France, ont été envoyés en Nouvelle-Calédonie. La seule chose qui sauve mon pays à ce jour de devenir une monarchie, c'est la division entre la branche des Bourbons et la branche des Orléanistes, entre le comte de Chambord et le comte de Paris. Heureusement cette assemblée de malheur a pris fin le 31 décembre de l'année dernière. Les dernières élections furent républicaines, 350 sur 530 élus. Des projets de loi pour l'amnistie ont été déposés sur le bureau de la nouvelle assemblée. Pour l'instant, ils ont tous été refusés par Mac-Mahon, et quelques ultraroyalistes. Certains exilés en Europe ont pensé qu'avec le départ de Thiers, la fin de la

[78] De 1871 à 1879.
[79] La première pierre est posée le 16 juin 1875.

répression était venue. Ils sont rentrés en France, ont été arrêtés et les peines par contumaces confirmées. Nous sommes donc loin d'une amnistie et même de la clémence.

– Cependant, le président du Conseil, Jules Dufaure[80] est un libéral !

– Son gouvernement ne tiendra pas, face aux conservateurs de tous bords qui dirigent la France.

[80] De mars à décembre 1876, Dissolution par Mac-Mahon en décembre 1876.

Souvenirs de Lissagaray, Bruxelles, 25 rue Royale, mai 1876.

– Monsieur Lissagaray, on dit que le combat des femmes de la Commune fut important.

– Oui, Monsieur Kistemaeckers. Elles furent nombreuses, Nathalie Lemel, une ouvrière relieuse, Marcelline Leloup, une couturière, Blanche Lefèvre, une blanchisseuse tuée sur une barricade, Aline Jacquier, une brocheuse, Thérèse Collin, une chansonnière, Aglaë Jarry, relieuse elle aussi, des intellectuels comme Sonia Kovalevskaïa, une mathématicienne, Marguerite Tynare, une éducatrice, et même des aristocrates comme Élisabeth Dmitrieff et Anna Jaclard, et bien sûr Louise Michel, institutrice et combattante. Elles ont créé une organisation féminine, populaire qui a rassemblé des milliers de femmes. Elles ont combattu pour leurs libertés bien sûr, mais aussi pour leurs droits. Car elles n'avaient pas de droits vis-à-vis des hommes et pas de droits dans le travail.

– Beaucoup travaillaient ?

– Oui, surtout dans l'industrie et la confection, 70 000 dans la capitale sur 400 000 ouvriers. Durant le siège de

1870, elles ont souffert, et ont pris leur place dans cette résistance contre la Prusse. Ce sont elles, avec Louise Michel à leurs têtes, qui ont empêché les militaires de s'emparer des canons. Ce sont elles qui ont fraternisé avec les régiments sur place. Ce sont elles qui ont commencé à vouloir marcher sur Versailles. Ce sont elles qui ont créé la première organisation féminine structurée. Ce sont elles qui ont lancé un appel aux Parisiennes pour la défense de la ville. Ce sont elles qui ont réclamé la démocratie directe et les votes des délégués. Ce sont elles qui ont voulu des écoles professionnelles et des orphelinats laïques. Ce sont elles qui pour la première fois dans le monde, ont réclamé l'égalité des salaires et l'égalité entre les sexes. Ce sont elles qui ont demandé le remplacement des religieuses dans les hôpitaux et les prisons par des mères de famille. Ce sont elles qui ont fermé les maisons de tolérance dans Paris durant quelques mois. Ce sont elles qui ont obtenu une pension aux veuves des Gardes Nationaux tués au combat, qu'elles soient mariées ou pas. Ce sont elles qui ont fait voter une pension pour les femmes qui demandaient la séparation avec leurs maris ivrognes ou violents. Ce sont elles qui ont organisé des coopératives ouvrières. Thiers et l'assemblée de Versailles n'ont pas pardonné ces revendications de femmes libres.

– Elles ont aussi combattu avec courage, m'a-t-on dit !

– Oui, comme Louise Michel, comme Victorine Rouchy dans les Zouaves, comme Léontine Suetens cantinière au 135ᵉ bataillon, blessés à plusieurs reprises, comme Eulalie Papavoine à Vanves, comme Hortense David à la porte-Maillot, comme André Léo aux Batignolles, comme Marguerite Diblanc à Clignancourt, et tant d'autres. Des barricades entières furent composées de combattantes, place Blanche, rue Pigalle. Elles furent des milliers. Thiers et l'assemblée de Versailles n'ont pas pardonné ces combats de femmes.

– C'est pour cela que la répression fut tout aussi sévère.

– Oui, elles furent fusillées, pour la majorité sur place. Pour les autres, humiliées, traitées de prostituées et de pétroleuses. Elles furent souvent admirables durant leurs procès. Enfermées aussi dans des cages durant le transport pour la déportation, elles furent, d'après Rochefort, admirables dans la volonté de défendre leurs droits de détenues politiques.

Souvenirs de Lissagaray, Paris, gare du Nord, 22 juillet 1880.

– Me voici de retour dans cette ville qui a vu tant de souffrance !

Un journaliste s'approcha de lui.

– Monsieur Lissagaray, qu'allez-vous faire ?

– Je vais régler en premier lieu un contentieux avec René de Pont-Jest. Il nous doit des excuses à tous ceux qui ont dû, comme moi, se réfugier à Londres.

– Le journaliste du Figaro ?

– Oui, dans son article paru en 1873 sur les communards à Londres, il a menti. Je l'ai rencontré là-bas, je l'ai souffleté. Il a déposé plainte devant un tribunal londonien, et j'ai été condamné à verser 2 500 livres de caution pour garantir que je ne chercherai plus querelle à ce lâche durant six mois ni à un autre français pendant mon séjour. Mais je ne suis plus sur le territoire britannique et les six mois sont écoulés depuis longtemps. S'il refuse de présenter ses excuses et de se rétracter, je le provoquerai en duel.

– S'il est lâche comme vous le dites, il refusera !

– Alors, dans votre journal, le Rappel, j'écrirai un article pour le souffleter par la plume[81], à défaut d'épée.

– Qu'a-t-il dit de si grave pour que votre colère soit si importante, après tant d'années ?

– Il nous a accusé mes compagnons et moi d'avoir été aidé par la Prusse pour nous enfuir avec l'argent de nos rapines, accompagnés de filles. Il nous a accusés d'être des voleurs et des imbéciles. Il nous a accusés d'être des coquins, ayant choisi Londres comme lieu de débauche. Il nous a accusés d'être des indicateurs de la police anglaise pour mieux être protégés. Il nous a décrits comme une bande de débauchés vivant d'expédients et attendant l'amnistie pour revenir terminer notre insurrection.

– Que ferez-vous après ?

– Fondé un journal[82], écrire des articles, rétablir la vérité, effacer tous les mensonges de la presse bourgeoise depuis 10 ans sur notre mouvement, essayer enfin de faire condamner par un tribunal, ces assassins.

– Pensez-vous y réussir ?

[81] Dans le « Rappel » du 25 juillet 1880
[82] « La Bataille », de 1881 à 1886. Il s'associe ensuite à Clemenceau pour combattre le général Boulanger.

– Je vais essayer de toutes mes forces. Je continuerai à compléter mon livre avec les derniers faits, les derniers écrits, les derniers témoignages que j'aurai pu recueillir.

– Vous deviendrez l'historien de la Commune !

– Oui, cela sera mon objectif, ma raison d'être !

– Regretterez-vous Londres ?

– Oui, j'y ai laissé mon amour.

FIN

Annexe 1 : Hippolyte Prosper-Olivier Lissagaray.

Il est né en novembre 1838 à Toulouse, journaliste, conférencier, écrivain, il est surtout célèbre pour s'être livré à une enquête approfondie sur la Commune de Paris. Il a recueilli de nombreux témoignages, auprès des acteurs encore vivants qui ont pris la fuite dans différents pays d'Europe. Le souci de la vérité et des faits historiques est présent tout au long de ses livres.

Ayant lui-même participé à cette « insurrection », il est en exil à Londres de 1871 à 1880. Eleanor Marx, la cadette de Karl Marx devient amoureuse de Lissagaray. C'est elle qui traduira son livre sur la Commune en anglais. L'opposition du père Karl Marx (on peut être révolutionnaire dans les écrits et conservateur dans la vie), conduira Eleanor à rompre les fiançailles. Il semble qu'il existait deux raisons à cette opposition, la différence d'âge, Lissagaray avait 37 ans, le double de «Tussy» et les différences d'opinions politiques avec Karl Marx. Lissagaray goûtait assez peu son orthodoxie marxiste, en tant que socialiste républicain. Il gardera une amertume et un désespoir le reste de sa vie de cette rupture provoquée par le père et le beau-frère de « Tussy », Paul Lafargue, lui aussi communard, mais dont les idées sont plus proches de cette idéologie de révolution prolétarienne.

« Tussy »

Annexe 2 : La crise du 16 mai 1877.

Le 16 mai 1877 s'ouvre une crise institutionnelle au début de cette Troisième République française, opposant le président de la République, le maréchal Mac Mahon monarchiste convaincu, à la Chambre des députés élue lors des élections de 1876, à majorité républicaine, avec à sa tête Léon Gambetta. Le gouvernement nommé par Mac-Mahon est à l'opposé de la politique que souhaite la majorité du Parlement. Un bras de fer s'engage alors jusqu'au 13 décembre 1877, où Mac-Mahon reconnaît sa défaite et démissionne. La III République est alors définitivement sauvée, un retour à la monarchie deviendra impossible. On a peine de nos jours à imaginer les conséquences de cette crise. Elle permit d'ancrer de façon définitive l'idée d'un régime républicain parlementaire, basé sur une constitution qui rend le gouvernement responsable de ses actes devant un parlement qui peut le destituer, et devant un président de la République qui peut le révoquer. On s'éloigne de l'idée d'une monarchie ou d'un empire dont le gouvernement ne dépend que du bon vouloir du Roi ou de l'Empereur. Et d'une République dont le gouvernement ne dépend que du bon vouloir d'une assemblée prête à l'investir et à le révoquer. La constitution de la V ^{ième} République est directement inspirée de cet équilibre.

Annexe 3 : L'amnistie de la Commune.

Elle fut longue et compliquée. Impossible durant le temps des chambres royalistes et conservatrices, elle devint partielle en mars 1879 avec des critères difficiles à appliquer, puis généraux en juillet 1880 pour toutes les condamnations prononcées après la défaite de la Commune.

En novembre 2016, 145 ans après les faits, une loi votée par l'Assemblée Nationale proclame la réhabilitation de toutes les victimes de la répression versaillaise. La portée de cette loi est importante. L'amnistie, qui signifie « oubli » en grec, est la notion, dans le droit pénal, que les fautes passées seront oubliées. Mais les condamnations restent inscrites. La réhabilitation qui signifie « une disposition, un droit » en latin, inclus la notion d'effacer les condamnations et de rendre l'honneur aux condamnés.

« L'Assemblée Nationale estime :

-   qu'il est temps de prendre en compte les travaux historiques ayant établi les faits dans la répression de la Commune de Paris de 1871.

-   juge nécessaire que soient mieux connues et diffusées les valeurs républicaines portées par les acteurs de la Commune de Paris de 1871,

-   souhaite que la République rende honneur et dignité à ces femmes et ces hommes qui ont combattu pour la liberté aux prix d'exécutions sommaires et de condamnations iniques,

-   proclame la réhabilitation des victimes de la répression de la Commune de Paris de 1871 ».

Les groupes « Les Républicains » et « l'Union des démocrates et indépendants », n'ont pas voté cette résolution. Les autres groupes ont voté la résolution, qui a été adoptée par l'Assemblée nationale.

« L'émeute, c'est quand le populaire est battu : tous des vauriens !
La révolution, c'est quand il est le plus fort : tous des héros ! »
Victorien SARDOU (1831-1908).

Bibliographie, Référence, Essais, et Œuvres.

– Notes et souvenirs de Monsieur Thiers 1870-1873. Adolphe Thiers, Edition Paris 1901.

– Histoire de la Révolution du 4 septembre 1870 et de la révolution du 18 mars 1871, déclaration de Monsieur Thiers devant la commission d'enquête parlementaire. Édition Paris 1875.

– Enquête parlementaire sur l'insurrection du 18 mars, tomme 1 et 2, Editions Paris, 1872.

– Histoire de la Commune de Paris, Prosper-Olivier Lissagaray, Paris, Edition Dentu.

– Les huit journées de mai derrière les barricades, Prosper-Olivier Lissagaray, Bruxelles, 1871.

– La déportation et la Nouvelle-Calédonie, Bernard Brou, 1978

– La Semaine de mai Camille Pelletan, 1880.

– L'évadé, roman canaque, Henri Rochefort, 1880.

– Les vertus du commandement selon Charles De Gaulle, Lucien Jaume, 2001.

– Le colonel Rossel, Emile Gerspach, 1873.

– Souvenirs d'un membre de la Commune, François Jourde, 1877.

– Histoire de la guerre civile de 1871, Louis Fiaux, 1879.

– Portrait de Karl Marx, Victor Fay, 1968.

– Mémoires secrets du comité central de la Commune, Jules de Castyne, 1871.

– Histoire de la révolution du 4 septembre 1870 et de l'insurrection du 18 mars 1871, Adolphe Thiers, 1875.

– Biographie d'André Léo, Claude Latta, 2004.

– La guerre sociale, discours prononcé par Madame André Léo en 1871 à Lausanne.

– Souvenirs d'une morte vivante, Victorine Rouchy, 1909.

Dépôt légal octobre 2018, ISBN : 979-10-94133-12-5

JMB EDITIONS

Couverture © **Matthias Becquet**

Prix 8,50€